小白马

演讲与口才
杂志社◎主编

给孩子受用一生的口才课

能演讲·提升号召力

百花洲文艺出版社
BAIHUAZHOU LITERATURE AND ART PRESS

图书在版编目（CIP）数据

给孩子受用一生的口才课. 能演讲，提升号召力 /
演讲与口才杂志社主编 . — 南昌：百花洲文艺出版社，
2020.10

ISBN 978-7-5500-3802-8

Ⅰ . ①给… Ⅱ . ①演… Ⅲ . ①口才学－青少年读物
Ⅳ . ① H019-49

中国版本图书馆 CIP 数据核字（2020）第 141758 号

给孩子受用一生的口才课·能演讲，提升号召力

GEI HAIZI SHOUYONG YISHENG DE KOUCAIKE·NENG YANJIANG ,TISHENG HAOZHAO LI

演讲与口才杂志社　主编

出 版 人	章华荣
出 品 人	李国靖
特约监制	陈美珍
责任编辑	刘 云　黄文尹　程昌敏
特约策划	马月敏
特约编辑	马月敏
封面设计	书简 书籍装帧设计 QQ:2450277745
版式设计	赵梦菲
内文插图	谢 嘉
出版发行	百花洲文艺出版社
社　　址	南昌市红谷滩世贸路 898 号博能中心 Ⅰ 期 A 座 20 楼
邮　　编	330038
经　　销	全国新华书店
印　　刷	三河市金元印装有限公司
开　　本	680mm×970mm　　1/16
印　　张	11.75
字　　数	96 千字
版　　次	2020 年 10 月第 1 版第 1 次印刷
书　　号	ISBN 978-7-5500-3802-8
定　　价	38.00 元

赣版权登字：05-2020-124
发行电话　0791-86895108　　　　　网　址 http://www.bhzwy.com
图书若有印装错误，影响阅读，可向承印厂联系调换。

目　录
contents

第一章
如何开场与切题

　　清代李渔说："开卷之初，当以奇句夺目，使之一见而惊，不敢弃去。"写文章如此，演讲亦如此。如果演讲的开头就能立刻抓住听众的兴趣，瞬间吸引听众的注意力，那么，这样的演讲接下来就会比较从容，也会得到很高的评价。

目　录

第二章
如何使用素材

在一篇好的演讲稿中，素材起着至关重要的作用。如建房子，框架搭好了，素材就是用来打造外立面，是简单刷下水泥还是贴瓷砖，抑或是混合雕刻、宝石镶嵌等多种材料和艺术形式构建不同建筑形态？善用材料，演讲就会变得有料、有趣、有内涵！

第三章
如何运用技巧

在演讲过程中，如果想让我们的演讲更有吸引力，那么修辞手法必不可少。适当地运用修辞手法对演讲稿进行一些艺术加工，可以有效地改变演讲过于严肃、沉闷的状况，增强语言的生动性和形象性，也就增强了语言的感染力。

目　录

第四章

如何更有感染力

演讲比赛

　　演讲的目的，是让听众同意自己的主张、观点和立场以取得"共识"，并在此基础上激发"共情"，达到心灵的"共同成长"。那我们在演讲的过程中，就要时刻考虑听众的感受，用真情、真心、真理来叩开听众的心扉，震撼听众的心灵，有效唤起听众的心理共鸣。

第一章
如何开场与切题

清代李渔说:"开卷之初,当以奇句夺目,使之一见而惊,不敢弃去。"写文章如此,演讲亦如此。如果演讲的开头就能立刻抓住听众的兴趣,瞬间吸引听众的注意力,那么,这样的演讲接下来就会比较从容,也会得到很高的评价。

1. 好开场，要有好姿态

美国心理学家艾伯特说过："人的感情表达由三个方面组成：55％的态势语言、38％的声调及7％的语气词。"站姿和手势作为态势语言最重要的组成部分，是演讲者用以表达情意、传达信息的一种无声语言，更是演讲中不可缺少的直观性因素。

投足：站姿规范更有力

站姿是演讲者留给听众的第一印象，重要性可想而知！但我们发现很多演讲者不太会站，比如下面这两位：

黛玉式

在《红楼梦》里，林黛玉是公认的"病秧子"，因为多年

染病使得她身体弱不禁风，平时是能坐着就不站着，能躺着就不坐着，即使坐着也最好能有个东西靠着。她走起路来如扶风弱柳，站姿更是绵软无力，恨不得随时能有个架子靠上或在背后支着。有的演讲者就像虚弱的黛玉一样，弓腰塌肩，弯背屈腿，整个人站在那里像刚刚经历了大灾荒，站姿无力，精神头儿也难以提振，演讲时发出的声音自然也软弱无力，这样的演讲不把听众讲得哈欠连天、跑偏走神才怪呢！

袭人式

要说在《红楼梦》里最老实的丫头是谁，那非袭人莫属。在众多丫头里，袭人的认真负责是出了名的，但也由此揭示出她胆怯懦弱的一面。只要有主子在，她总是唯唯诺诺地立在一旁，双手放于胯间，如果遇着有贾母或王夫人在，她更是像根电线杆子一样杵在那里，即使回起话来也是低眉顺眼的，总让人感觉刻板有余灵动不足。

这样的站姿在演讲中固然很稳，但毕竟肢体语言僵硬，显得生

气不足，演讲需要激情飞扬，又不是让你罚站，这样的站姿就值得商榷了。

著名演讲家邵守义先生告诫我们："演讲者站在讲台上，成为众目注视的对象，此时他的整个站姿乃至微小的变化，都会影响到听众。"如果演讲者站姿发飘，听众就会发飘；站姿呆板，听众的情绪也会波澜不惊。

演讲者规范站姿应该是这样的：（1）脊椎、后背挺直，胸略向前上方挺起；（2）两肩放松，重心主要支撑脚掌脚弓上；（3）挺胸，收腹，精神饱满，气息下沉；（4）脚应绷直，稳定重心位置。

演讲站姿既可以是前进式：右脚在前，左脚在后，前脚脚尖指向正前方或稍向外侧斜，这种姿势能使手势动作灵活多变，表达出不同的感情；也可以是稍息式：一脚自然站立，另一只脚向前迈出半步，这种姿势一般适用于长时间站着演讲中的短期更换姿势，不宜长时间单独使用，因为它给人一种不严肃之感；还可以是自然式：两脚自然分开，平行相距与肩同宽，约20厘米为宜，这种站姿会给人一种注意力集中、精神抖擞的印象。

举手：手势自然最到位

寓意深刻、优美得体的手势，能激发听众的热情，加深听众对演讲内容的理解，使演讲获得成功，但下面这两位的手势使用得却着实不敢恭维：

佟湘玉式

看过《武林外传》的朋友想必对同福客栈掌柜佟湘玉对店伙计指指点点的动作记忆犹新。这位泼辣、抠门又善良的老板娘有三个经典手势，要么是双手在胸口交叉，得意扬扬地说："额是衡山派掌门监护人。"要么双手或单手叉腰，歇斯底里地喊："回来！还米有付钱捏！"要么是对店内伙计以食指戳脸，吼道："下个月的工钱我看你是不想要了！店规伺候！"在演讲中，类似佟掌柜这三种居高临下的肢体语言，总会有演讲者在不经意间用及，由此和听众产生距离感，如果你做演讲的目的不是发工资或给大家升职加薪，也请换个手势吧。

孙悟空式

在《西游记》里孙悟空原本是个石猴，在他身上也完完全全地继承了猴子的全部特性，顽劣、调皮，举手投足随性而琐碎，他的招牌式手势就是抓耳挠腮。在演讲台上，我们发现很多演讲者也跟孙悟空一样，手势凌乱而琐碎，一会儿抓抓袖子，一会儿摸摸耳朵，一会儿挠挠头发，这些手势都跟演讲主题无关，听众看到这些手势的第一感觉，也许会误以为演讲者几天没洗澡身上正奇痒难耐呢！如果你演讲的目的不是为了推销止痒的浴液或药品，还是把手势做端庄，别再模仿孙悟空了！

演讲者的手势必须随演讲的内容、情感和气氛自然地流露出来。手势的部位、幅度、方向、力度都应与演讲的有声语言、面部表情、身体姿态密切配合，协调一致，切不可生搬硬套，勉强去凑手势。

运用手势要注意以下原则：（1）上、中、下三区的运用。上区，就是手势在肩以上，表示积极向上，一般用于号召鼓动、赞美、表扬；下区，就是手势在腰以下，表示消极的、不好的，一般用于批评指责；中区，就是手势在肩与腰之间，表示一般的描述表达，一般演讲过程中，大部分手势都在中区。（2）场面大，手势大；场面小，手势小。当会场大、人数多的时候，手势做得要大气，让听众都能看见；当会场小、人数少的时候，手势做得要小一些，以免让听众感觉像在张牙舞爪。（3）手势应该停留足够长的时间。手势一做出去，马上就收回来，则会使听众对你立刻失去信

赖感。（4）在运用手势的过程中一定要自然、协调。有些选手讲完"我们一定会取得圆满成功"这最后一句话时，忽然想起导师说过加上一个动作效果会更好，马上刻意地补上一个手势，结果就显得做作且滑稽。

我国的教育家陶行知先生说过："演讲如能使聋子看得懂，则演讲之技精矣。"演讲者一定要注意自己的举手投足，用正确而规范的手势和站姿传递出恰当而准确的演讲信息，从而服务主题、打动听众。

——材料选自《演讲与口才》（成人版）2014 年第 24 期陈超《举手投足间，别学这四位》

读者心声：

在演讲过程中，怎么控制自己的紧张情绪呢？一紧张，手也不知道该往哪儿摆，更别提怎么运用态势语言了。

主编点拨：

我们今天讲开场要有好姿态，其实这个好的姿态就是要呈现演讲者的一个最佳状态。通过正确的肢体动作告诉听众"我准备好了"；通过一个微笑的表情跟大家建立一个有亲和力的好印象；如果全场异常嘈杂或者大家根本还没有关注到你，那么就微笑着或者有点幽默地扫视下全场，先用眼神交流而不要着急开口，让大家安静下来并对你接下来的演讲有所期待。所以说好姿态的作用是"铺垫"和"收心"——为接下来的演讲铺垫应有的气氛，既让听众收心，让他们迅速关注你，也是给自己"收心"。当你用正确得体的姿态和肢体语言掌控全场的时候，相信我，你的自信心也会油然而生，自然也就不那么紧张了。

2. 匠心独运，开场白先声夺人

开场白，不是白开场。好的开场白三言两语就能够拉近演讲者与听众的距离，让听众瞬间产生强烈的好奇心，从而集中注意力，愿意听，喜欢听，确保演讲的顺利进行。

化用名言，荡气回肠

一位培训师在授课之前的开场白："大家好，俄国伟大的作家托尔斯泰说过三句话。第一句话是：这个世界上最重要的人是谁？各位朋友，是谁？就是：现在在我眼前的人！第二句话是：这个世界上最重要的事是什么？就是：现在我要做的事。第三句话是：这个世界上最重要的时间是什么？就是：此时此刻。所以，各位朋友，此时此刻，你们就是我最重要的人！一起学习提升，这就是我们现在最重要的事！"

　　培训师的开场白，简明扼要，极具张力，不仅快速拉近了与学员的情感距离，还令学员很受鼓舞，从而愉悦地投入学习之中。

　　化用，也称作借用、套用，即将名言或他人作品中的句、段化解开来，根据表达的需要重新组合，灵活运用，形成一个有机的整体，这是演讲者对素材积累的浓缩与升华，更是演讲者情感酝酿的奔突与发展。

　　培训师结合培训情景与托尔斯泰几个设问的共同点："最重要的人""最重要的事""最重要的时间"化用组合，取我所需，为我所用，既是语言的创新，又是思想的提升，达到了催人奋进，荡气回肠的演讲效果。

妙用道具，点石成金

一位演讲者在题为"做教育改革弄潮儿"演讲时的开场白可谓先声夺人：他先展示齐白石的名画《雏鸡》，当听众的目光全被吸引过来之后，才开始演讲："请看，在这幅一米多长、一尺来宽的画面上，齐白石先生只画了三只毛茸茸、憨乎乎的小鸡，其余处皆为空白。这些空白，给我们留下了无限广阔的想象和再创造的天地。看了这幅画，你难道想象不到小鸡的成长需要历经多少艰难？你难道感受不到小鸡的梦想是多么灿烂？你难道想象不到小鸡会有'一唱天下白'的那一天？每一个人都可以根据自己的体验想象到很多、很多——这就是'空白'的魅力。我们做教师的，能不能打破45分钟的'满堂灌'，也给学生留下一点回味和创造性思维的'空白'呢？"

平平淡淡的开场白不能引人入胜，难以取得理想的演讲效果。这位演讲者深谙这一点，为此，他展示了齐白石的名画，在连续用三个反问句吊起听众的好奇后，才开始了不同凡响的演讲，从而阐明了教育"空白"的真谛，起到了点石成金的效果。妙用道具创设情境的开场白，新鲜生动，形象直观，容易引起听众注意，使演讲主旨更突出，效果更震撼。

导入故事，引人入胜

周光宁演讲"救救孩子"的开场白也别具风味：去年5月24日的《新民晚报》披露了这样一个事实：一个四年级的小学生，每天要带父母亲手剥光了壳的鸡蛋到学校吃。有一次，父母忘了给鸡蛋剥壳，差一点憋坏了孩子，他对着鸡蛋左瞅右看，不知如何下口。结果只好将原蛋带回。要问他怎么不吃蛋，回答很简单："没有缝，我怎么吃？"

周光宁通过小学生不会剥鸡蛋这样一则新闻报道开头，把听众带入他的演讲主题：全社会都要重视培养孩子独立生活的

能力和战胜困难的勇气。导入故事的开场白，具有浓厚的生活气息，接地气，有说服力，容易被听众接受，产生共鸣，积极地参与到演讲中来。

——材料选自《演讲与口才》（学生版）2018年第10期韩旭灵《匠心独运，让开场白先声夺人》

读者心声：

演讲者经常不知道什么样的开场白能够拉近与听众的距离、激起听众的好奇心，不知道演讲该如何展开。

主编点拨：

如果说，好的姿态达到了"此处无声胜有声"的效果，那么开口第一句很关键。有没有真把式，能不能将听众的最初好感和期待值进一步拉升，就靠开场白了。案例中"化用名言""妙用道具""导入故事"这三种开场方式，确实能够迅速让听众投入我们的演讲中。我着重跟大家补充一点的就是，尽量幽默。不管是介绍你自己，还是一个开场白，幽默一点，总是能收获更多的掌声。此外，很多优秀的开场白并不是事先准备的，而是就地取材，临场发挥的，所以巧妙利用当下，随机应变，也是一份好的开场白。我有一位企业家朋友，有一次他去参加某个经济论坛，在登场的时候，却发现大屏幕上把他的照片放倒了，现场有些尴尬，于是这个企业家就舍弃了原来的开场白，说了一句："好兆头啊，说明来年我能躺着赚钱。也祝愿在座的各位在这新的一年都能躺着赚钱。"尽管开场白的形式林林总总，好像难以选择，但我们只要结合演讲的主旨和情境，合理取舍，恰当运用，就能使开场白简洁高效，异彩纷呈，取得先声夺人的效果。

3. 快速切入，点亮演讲主题

在短时间内，要把一篇演讲做完，而且做到言之有物，吸引听众，必须快速切入主题。怎样做到快速切入主题呢？

问题式切入

这段时间，同学们都在议论《中国诗词大会》上夺冠的中学生武亦姝，这个能背 2000 首古诗词的 16 岁女孩，令人赞叹不已。但是，今天我要问大家一个问题：武亦姝背古诗词的"真经"何在呢？其实人家武亦姝下的可不是悬梁刺股般的苦力，"真经"只有两个字，那就是"喜欢"。她说自己从小喜爱读诗词，只要是一聊到古诗词，就会抑制不住地兴奋，因为古诗词给了她很多现代人给不了的感觉。喜欢，才是我们学习的最佳状态；喜欢，才会享受其中的快乐和辛苦，才不会觉得是负担，不会

厌烦。这个女孩用自己的学习经历，证明了一个简单而深刻的道理，兴趣是最好的老师，兴趣可以让人有永不满足的追求；更证明了，一个孩子如果不能感受到学习的快乐，那就不可能有永续的学习动力。

——《用兴趣点燃自信》

这位同学一开始就通过对热门话题的深入思考，别出心裁地抛出一个问题，然后自问自答，顺理成章地切入演讲主题。从所列话题到切入演讲主题，如行云流水，既过渡巧妙，又简捷快速。问题式切入的特点是通过一问一答，以问做出提示，以答揭示主题，起到激发听众同步思考的目的。

故事式切入

很多年前，有一位学大提琴的年轻人向20世纪最伟大的大提琴家卡萨尔斯讨教："我怎样才能成为一名优秀的大提琴家？"卡萨尔斯面对雄心勃勃的年轻人，意味深长地回答："先成为优秀而大写的人，然后成为一名优秀和大写的音乐人，再然后就会成为一名优秀的大提琴家。"

——《人格是最高的学位》

在这里，白岩松从大提琴家卡萨尔斯的故事引入，告诉听众要先成为优秀的人，进而再成为优秀的音乐人，最后才能成为一名优秀的大提琴家。做主持人也是同样的道理，这样听众自然就把卡萨尔斯的话同主题——新闻界"做文与做人"联系起来，也就有兴趣去听作者是怎样阐述二者关系的，收到了较好的现场效果。

格言式切入

著名的文学家托尔斯泰说过："世界上只有两种人：一种是观望者，一种是行动者。大多数人想改变这个世界，但没人想改变自己。"想要改变现状，就要改变自己；要改变自己，就得改变自己的观念。一切成就，都是从正确的观念开始的。一连串的失败，也都是从错误的观念开始的。要适应社会，适应环境，适应变化，就要学会改变自己。柏拉图告诉弟子自己能够移山，弟子们纷纷请教方法，柏拉图笑道："很简单，山若不过来，我就过去。"弟子们一片哗然。这个世界上根本就没有移山之术，唯一的移动山的方法就是：山不过来，我便过去。同样的道理，人不能改变环境，那么我们就要改变自己。

——《改变自己》

这名同学开篇引用了托尔斯泰与柏拉图两位名家的格言，借名家名言单刀直入地切入主题。两位名家的格言一庄一谐，相映成趣，名家格言的双重引用，又起到了强调演讲者观点的作用，增强了演讲主题的可信力。名人说过的格言，永远具有引人注意的力量。在切入主题时，简单明快，轻松灵活，能使听众气定神闲地听下去。

——材料选自艾燕茳《演讲怎样快速入题》

读者心声：

在演讲过程中，我们经常见到一些演讲者，在演讲开始时讲了很多内容，但就是不能迅速入题，无法让听众抓住演讲的重点和关键。

主编点拨：

为什么说入题、点题和破题很关键，也很必要呢？

比如，你要分享一个主题或观点，而听众对它并不一定那么了解，那你就需要解释。比如，你今天想分享关于基因编辑是好是坏这样一个辩题，那么你直接说专业解释可能大家一头雾水，但如果你分享了最近一起因人工编辑人类胚胎基因，而让生下的孩子避免了母体的艾滋病这样一起看似是好事实际却违法并被判入狱的案例，大家的兴趣就来了。也可能你要分享的观点大家并不感兴趣，可能有点陈旧或者不太应景、不贴合当下，或者太熟悉了，你不用讲大家都知道你会说什么，那么就更需要你运用反向思维，在入题方式上"推陈出新"。在这方面，人大附中的李永乐老师是个高手。比如：在分享交流电与直流电之争的时候，他会先问大家一个问题，特斯拉和爱迪生谁更厉害？在要解释一个数学模型的时候，会用一个小实验来包装一下：雨中走路淋雨多还是跑步淋雨多？在分享数学界里一个很经典的"欧拉与哥尼斯堡七桥问题"时，他会让大家先试一下一笔能写出"田"字吗？这些都是引题的极佳方式。

除了上文介绍的三种入题方法和技巧，切入主题的方式还有很多，如悬念式、联想式、情景式、道具式、反转式，等等，同学们可根据自己的知识积累、主题要求、现场情况等灵活运用，只要使用得当，便能做到快速、精准地切入演讲主题，为你的演讲增色。

4. 剥茧抽丝，让演讲层层递进

剥茧抽丝，意思是根据顺序寻求事物的发生及发展过程。演讲中，我们通过剥茧抽丝的方式，循着事物发生发展的过程，层层递进地揭开演讲主旨，使听众感同身受。

由反到正，逐层剖析

我是一名医生，上医学院的第一天，老师说："医学是违背自然规律的学科，是'反人类'的存在。"大家都知道达尔文的生物进化论，物竞天择，适者生存。物种会在自然力的作用下，淘汰群体中的老弱病残以及不能正常繁衍后代的那些个体，筛选出更优秀、更适合生存的基因。

医学却反其道而行之，老弱病残的，我们帮他们恢复健康；不孕不育的，我们帮他们造一个宝宝；还有那些先天残疾的，我们也会尽力去修复。所以老师们说医学简直就是违背自然规律，打破物种平衡，无视基因发展的"逆天之行"。我有一个患者来做肠镜，发现了直肠的息肉，实际上问题不大，只要切除之后规律地饮食，节制烟酒，定期复查，不会危及生命。但他不这么想，觉得一小块肉嘛，医学已经这么发达了，一定能治好，于是他继续着自己的不良生活习惯。一年的时间就恶变成了直肠癌，癌细胞继而发生了肝转移，很快人就没了。如果说医学反人类，就在于它的飞速发展，使得我们丧失了对生命这个奇迹本应有的尊重和对欲望的克制。

——尚书《医学不是万能的》

"医学是反人类的存在"，尚书在开篇抛出一个颠覆常人认知的命题，从而激发起听众强烈的好奇心。随后，他用概念法、解释法、例证法多种手段，多方位、多角度地对这一命题进行层层剖析，剥去一层层误区后，揭示出了演讲者所要表达的主题思想，使听众对医学为什么会"反人类"有了更深刻的认识。

由单到众，递进剖析

2002 年、2003 年的时候，在我国广东 SARS 首次爆发，在短短的 5 个月之内传播到了全球的 27 个国家和地区，造成了 8000 人感染，死亡病例接近 800 人，是 21 世纪初最严重的一次传染病。

但 SARS 已经过去 15 年了，为什么我们还要讲 SARS 的故事？这是因为在科学界以及公众心里，还有一些谜题没有解决。SARS 的病原从哪里来？类似的疾病还会出现吗？人类要如何预防此类疾病的发生？

大家会发现，近些年来世界各地出现的新发传染病越来越频繁，除了 SARS 以及刚才提到的亨德拉、尼帕病毒以外，还有各位比较熟悉的 H7N9 禽流感、埃博拉、中东呼吸综合征，等等。这些新发传染病有一个共同的特点，它们都和动物有关。

研究人员做过统计，有超过 70% 的新发传染病来源于动物。

——石正丽《这些野生动物的病毒，怎么就到了人类社会》

石正丽在演讲中首先列举了让人闻之色变的 SARS 病例，引起听众的注意，由此提出了一个大家都关心的病原问题。接着又用了一连串令听众触目惊心的病毒案例，说明现实中这些新发传染病的普遍性，这样由个体到普遍的方式，产生了一种递进式的叠加效应，在引起听众心理共鸣的同时，引发听众对这一现象的深层原因进行思考——食用野生动物引发的病毒传播已经成为社会问题。此时，石正丽再揭示答案便顺理成章。

由小到大，顺时剖析

长到 8 岁就再也不长个的吴秀菊，在一次演讲中这样说自己：大学毕业后，我开始找工作，碰壁 50 多次后，有个面试官开玩笑地跟我讲："我们要是用了你，还不得说我们招用童工呀。"几经波折，家人在工地给我找了份工作，我开心死了，高高兴兴去上班。领导第一天给我安排的工作是看图纸，第二天是叠图纸，第三天是打印图纸。三个月过去了，我还是处于看图、叠图、打印图的循环里。领导不安排工作，我就自己争取。我主动帮同事去工地现场看施工进度，还没进大门口，被看门的大叔拦住了："嘿，小朋友，到别处玩去。"之后就"嘭"

的一声把门关上了。有一天，我接到一个有技术含量的活，加班加点做了两个月，接近尾声时，去找领导核对数据，领导很惊讶，说："你还干这个活呢，这个活不用做了。"那一刻我觉得自己被雷劈了，连知觉都没有了。我24岁了，我已成年，为什么要把我当一个孩子去对待？这个世界是公平的吗？我相信我来到这个世界是有着特殊使命的，我要完成它。

——吴秀菊《小个子的传奇》

吴秀菊讲述了自己因为长得像8岁的小孩，在找工作和工作的过程中屡屡受挫的遭遇，几件事情按照时间发生的先后顺序环环相扣，起到了逐步放大自己特点的作用，把一个长不大的姑娘的形象塑造得非常丰满，听众从她幽默的讲述中，体会到她内心的悲怆和苦闷、乐观与坚强。这为她后面所要表达的心声起到很好的烘托作用。

——材料选自《演讲与口才》2016年第21期艾燕茳《剥茧抽丝，揭开演讲主旨》

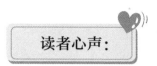

读者心声：

演讲中，我们往往不会揭示演讲主题。其实我们只要循着事物发展的顺序，剥茧抽丝，一步步揭开事实的真相，就能让听众看到我们所要表达的内容。

主编点拨：

演讲中采取剥茧抽丝的方法，可以做到层次分明，逻辑清晰，对演讲主旨的揭示更深刻、明了，同时也能很好地满足听众的悦听快感，更能够打动听众的心。

拿张纸，试着画一下思维导图，围绕你的论点做层层分解，每一步递进你想达到的效果是什么，标注下来，这样一目了然地统筹全局，你就能更加合理地"排兵布阵"你的素材，让观点更有说服力和感染力。

5. 画龙点睛，突出演讲主旨

画龙点睛，原指画龙之后再点上眼睛，比喻在关键地方简明扼要地突出重点，使内容生动传神。演讲中，如果能在关键处用上一句或几句话点明实质，使演讲内容更加生动有力，从而让听众自己体悟其中的主旨，无疑是激发兴趣、收获良效的重要保证。

一语道破

在我国，作为流动人口子女的流动儿童和留守儿童这两个群体总数约有一亿人，他们中的许多孩子缺少父母的陪伴，心灵的成长面临着众多现实的挑战。今天的孩子，从出生起就浸泡在互联网环境里，网络拓展了孩子的世界，缩小了成长的差异。电商基本普及、农村淘宝不断下沉，孩子以前梦寐以求的玩具和用品都变得触手可及。但对于童年来说，物质并不是幸福感最重要的决定因素。不同的时代、不同的地域，孕育不一样的童年，但无论何时何地，"快乐"都是孩子的天性，是童年的底色。

好的教育，应该让孩子释放自己的天性、探索心中的好奇、绘出眼中的多彩，还原童年的意义；教育最主要的目的，其实是引燃孩子持续一生的学习热情，而不是让他们为了某些现实的利益压抑自己追求快乐的冲动！

——李洪兴《让每一个童年在快乐中出发》

大道至简，知行合一，演讲者一两句话就说穿了主旨：雪

怎么突出演讲主旨？

一语道破，言简意赅。

花和花瓣，早春和微风，细沙和风暴，每个孩子的感受都是独特的，让每一个童年在快乐中出发，也许我们不能完全做到，但它至少值得每一个人为之努力。当面对复杂的问题时，演讲者不妨一语道破答案，言简意赅地讲出自己带有倾向性固本求源的主题，让听众听后有醍醐灌顶之感。

锦上添花

2017 年中国国际技能大赛的 21 个比赛项目，完全颠覆了过去我们对技术工人的认知，那绝不是"熟能生巧"一词可以概

锦上添花，美者更美。

括的。赛场上的角逐，除了传统的木工、焊接技术，还有虚拟现实技术、绿色智能建筑、移动机器人等等，"创新"正成为技能竞争的关键词。尤其是人工智能时代，当许多精细的技术可以由机器替代时，技术工人的优势就在于以人为本的创新。比如，机器人可以根据菜谱烧制出各种定制菜品，而一个好的厨师则会根据客人喜好，为他制造惊喜。

习近平总书记指出："工业强国都是技师技工的大国，我们要有很强的技术工人队伍。"技术工人的社会地位是一个风向标，折射出一个时代的价值取向。从文化、教育、就业保障等多个角度，营造尊重技能、崇尚技能的氛围，点亮蓝领的职业荣光，我们才能在制造强国的路上走得更远！

——郝洪《点亮技师技工的职业荣光》

如何让更多有志青年认同技能成才，投身技能报国？首要的是培养对于蓝领职业文化的认同。演讲者在结尾引用习总书记的话，在原有举例论证的基础上进一步完善，无疑是锦上添花，也更有说服力。在对材料进行提炼主题时，要善于锦上添花，对演讲主旨略加修饰后使美者更美，好上加好，那么听众茅塞顿开自在情理之中。

点石成金

每到毕业季，各大媒体都会被各种关于毕业季的新闻占领，仿佛整个社会都要和大学生们一起毕业似的。

人生来就是具备仪式感的动物。"仪式感"这个听起来轻飘飘的词，早已深深镌刻进人类的文化基因。不是每个人都能不依赖任何外物，就明确自己的信念、目标与责任的。毕业典礼这场发生在这样一个特殊时刻的青春仪式，则更有着强大的力量。毕业典礼提供的仪式感，赋予人告别学生时代的勇气，帮助我们感知信念、意义和自身的力量。

就在这个月，我离开了象牙塔的保护，走入了神奇但也充满荆棘的社会，但我并不畏惧，而是充满了勇气。那场令人难忘的毕业典礼对此功不可没。我希望每个正要毕业、已经毕业、尚未毕业的人都能珍惜毕业典礼的意义，并且在他们需要的时候，都能唤起仪式感带来的力量！

——杨鑫宇《毕业典礼：在仪式感中获取力量》

演讲者对毕业典礼仪式的主旨稍做指导，即我们需要仪式提供的仪式感。因为，毕业典礼的最大意义，在于它是学生人生分节的标志和独立成人的仪式，可以让学生在仪式感中获取前行的力量。通过既定材料提炼演讲主旨时，演讲者点石成金地稍稍改动变通原来的主旨，对听众稍做指导，化腐朽为神奇，使它变得精彩出色，从而让听众恍然大悟。

——材料选自《演讲与口才》（学生版）2017年第12期王章材《画龙点睛，突出演讲主旨》

读者心声：

在演讲中，我们往往不会点题，不能向听众准确传达我们所要表达的主旨。怎样才能点题呢？

主编点拨：

任何点题，实际上都是有"预谋"的。点题的目的是揭露观点，强调观点或者升华观点。所以在点题之前的铺垫很重要，不管你是用一个案例，或是一个设问，还是一个什么样的形式，一定要注意这些素材的使用不能偏离你预设的"航线"，而一旦铺垫充分，点题就如开闸放水、破土生芽，是一件很自然且水到渠成的事情。

当然，对观点的升华是很有"含金量"的一件事情，需要一定的阅历、智慧和知识储备。哲学常常教导我们要"透过现象看本质"，比如一个普通人对病毒的观点是：不好，对人体有百害而无一利，要赶紧消灭它。但是，你放在一个医学家的角度，他可能就会认为：世间万物本为一体，人类的进化正是因为病毒催化的功劳。细菌、病毒跟人类有着互相作用甚至互惠互利的共生关系，要客观看待，既不能姑息迁就，也不能一味剿杀。

"牢记使命，不忘初心"，这句话同样适用于你的演讲。只要你内心清楚这次演讲想要表达的观点，那么就一定会在最恰当的时机点题，所谓"心里有题，随时点题"。

6. 借古喻今，演讲掷地有声

近日，90 后留学生鲍元集一篇题为"朋友圈"的演讲，引起了巨大的轰动和反响，他巧用《三国》里的人物借古喻今，深入浅出，使得整篇演讲气势恢宏，掷地有声。

条分缕析，欲扬先抑

我把交朋友分成四种方式。第一种方式是袁绍型，长得帅，有钱，每天高朋满座、宾客盈门，袁绍交朋友的方式我总结了两个字，叫酒肉。第二种是孙权。孙权的朋友圈其实更像一个亲戚圈。东吴有四大水军将领，分别是周瑜、鲁肃、吕蒙和陆逊。这个周瑜是孙权的哥哥孙策的把兄弟，鲁肃是周瑜的兄弟，鲁肃跟吕蒙之间互相拜过对方的母亲，陆逊是孙策的女婿，他们家就是兄弟连加父子兵，孙权搞关系靠的是亲情。第三种是曹操。曹操搞关系靠的是利益，他先后发布了三次求贤令，而且求贤令的名字一次比一次惊悚。第一次翻译过来就叫"招聘啦"；第二次翻译过来就叫"有缺点我们也要"；第三次翻译过来"就叫就算你坏得头生疮脚流脓，我们曹魏政权也需要你"。要想获得做官的机会，只能跟曹操混，所以很多人是为了利益跟曹操在一起的。

　　鲍元集有条有理地分析交朋友分成四种，并假借三国时期袁绍的酒肉朋友、孙权的亲情维系和曹操的利益关系等古人古事，来喻指现实生活中朋友圈里的关系，既巧妙新颖，又生动深刻地把不同类型朋友的不同表现刻画得入木三分，给听众以

洞若观火之感，为他们在交友认知思维上提供有益的启示和指导，也为下文刘备的朋友圈蓄势张本。

正本清源，证己驳人

第四种方式是刘备。刘备是一个很神奇的人，刘备的前半生可以用"颠沛流离"来形容。史书上对他记载是八个字，叫：五易其主，四失妻子，也就是说他五次换了老大，四次跟他的妻子儿女失散。就是这样的一个人，他眼看着跟他同辈的曹操统一了北方，他看着跟他同辈的孙坚及其子孙策和孙权三个人雄踞东南，而他在做什么？此刻的他在荆州寄人篱下，受人白眼，但就是这样的刘备，仍然有张飞、关羽、赵云这样的当世虎狼之将追随他，仍然有诸葛亮这样的智谋之士愿意投入他的麾下。他没有权力，他没有利益，他跟人家好像也没有什么亲情，他靠的其实是八个字：兴复汉室，平定天下。这是一种叫作志向、理念的东西。所以刘备和他的朋友其实用"同志"这个词来形容更合适。

刘备是依靠志向、理念交朋友，所以才会有一批志同道合的朋友生死追随，与上述三人比较，孰优孰劣，高下立判，鲍元集假借刘备朋友圈的故事，来喻指现实生活中正确的交友之道，给听众以深刻的启迪。在演讲中，阐述抽象的道理时，不妙巧设情境相比较，不仅让你的话语深入浅出、生动有趣，而且让你的演讲熠熠生辉，激荡人心。

归纳演绎，情理兼备

如果他们穿越到今天的国际政治舞台上，会有怎样的结局？历史上已经给了我们一个答案：酒肉之交的袁绍最后被他的酒肉朋友许攸出卖，兵败官渡，抑郁而亡。孙权到了晚年，表面上他很有人情，实际上人情已经到了一个沦丧的地步：他为了利益逼死了陆逊，为了权力逼死了自己的亲生儿子。曹魏集团看着好像最好，可是曹操死后不久，那些为利益聚集到他身边的人，就不再满足于曹家分给他们的利益，他们怎么办？篡夺曹家的皇位，自己当分蛋糕的人。最后只剩下了刘备。刘备死后，蜀国经历了几任权臣，大家熟悉的诸葛亮、蒋琬、费祎、姜维，这四个人都可以用权势熏天来形容，但这四个人没有为自己的富贵做任何事情，他们只做一件事，这件事情叫：兴复汉室，平定天下。所有的人都在为这个目标而努力，只有刘备的朋友圈历经磨难，坚持到了最后。

鲍元集继续假借古人古事来阐明自己的观点，酒肉之交、亲情维系和利益关系的朋友圈都不能持久，最终会导致失败；而刘备朋友圈的故事道理深刻，演讲者归纳得出唯有共同理想信念的朋友圈可以坚持到最后，给人以强烈的情感共鸣和思维冲击。因此，情理兼备的演讲往往能打开听众的心扉，直击听众的心灵，从而进入一个新的精神境界。

引古证今，意近旨远

在当前政治舞台上，也有很多类似于东汉末年这四位的大政治家、大政治团体。有的国家交朋友靠什么，它贼土豪，它靠砸钱，像袁绍。有的国家交朋友靠什么，它自己地位高，它给别人利益，像曹操。有的国家交朋友，跟你套近乎，跟你拉关系，跟你称兄道弟，像孙权。那咱中国呢？咱们的习近平主席引用过一句话：以利相交，利尽则散；以权相交，权失则弃；以情相交，情断则伤；唯以心相交，方成其久远。所以我们中国靠的就是像"一带一路"，像亚投行这样踏踏实实的能够实现我们共同心愿的倡议；靠的就是，我们要构建人类命运共同体的志向，我们今天做大中国的朋友圈，就是把中国的声音传到更远的地方去。我想，如果所有人都能在志向的感召之下拧成一股绳，我们就会一起去创建人类命运的共同体，到那个时候，全世界都是中国牢不可破的朋友圈！

最后，鲍元集讲到在当前的政治舞台上，也有很多类似于东汉末年的大政治家、大政治团体，他们靠砸钱、给利益、拉关系结交朋友，但这种朋友圈绝不会长久；只有中国是解决问题的破冰者，中国的朋友圈是依靠共同的志向建立起来的，所以才会牢不可破。

借古喻今，就是假借古人古事来比喻现实中的今人今事。运用借古喻今，文理自然，掷地有声，大大增强了你的演讲的说服力和感染力，这正是鲍元集的演讲取得空前成功的原因。

——材料选自《演讲与口才》（成人版）2018年第4期王章材《鲍元集：巧用〈三国〉借古喻今》

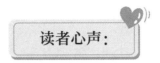

读者心声：

在演讲中，我们通常不知道从哪些角度切入主题，更不知道如何联系大家熟悉的人物、典故来辅助自己的演讲主题。有一些演讲经常出现拖沓累赘的语言，但是就是不能进入主题，不能让听众明白演讲所要表达的意思。

主编点拨：

在这里，演讲者鲍元集以"朋友圈"为主题，通过三国里的人物关系，借古喻今，迅速进入主题，角度新颖，内容充实，让听众明白我们应该交什么样的朋友，什么样的朋友值得交。在演讲过程中，如果不知道从哪些角度去切入主题，我们可以引用大家熟悉的历史人物典故，加以分析和说明，把听众引导到我们的主题上。

建议大家平时多阅读一些名人传记，一定会对我们的写作、演讲大有裨益，更关键的是，我们可以在闪耀的人类群星中发现其影响我们价值观乃至人生的很多精神养料，从而帮助我们进化成更好的自己。

7. 自剖式演讲，让听众茅塞顿开

很多演讲者不知道该如何找到切入主题的那个点，那为何不试试从自己的故事切入呢？当你在说自己故事的时候，这个世界还有谁比你更能是这方面的专家呢？确实如此，自我剖析式的演讲，可以让听众享受到"零距离"的交流，真切地感悟演讲的主旨。

剖析成长历程，诠释使命要义

小时候我讲故事好，是学校领唱、演讲的代表。有一年，市里举办中学生演讲大赛，派去的不是我，但那个同学连班上的比赛都没胜出过。校长找我说，马丁，让其他同学试一试，你要辅导他，要体现同学互助情。

我当时哭着就回家了，我跟我爸说"凭什么"。第二天，我妈看我特别难受，告诉我实情。那个同学的舅妈是市里的一个处长，人家点名让他去。我妈说，我和你爸都是搞技术的，我们不会这一套，你只有靠努力才能证明自己。我听了妈妈的话，更加努力地证明自己。今天，我站在这个舞台上，想大声地说：我是演说家，那个靠舅妈的小孩，你不是！我想告诉在看这个节目的妈妈们和在座的各位，规则意识的建立绝不可能是一蹴而就的，但是，一定有一个更响亮的声音应该在你的脑海里响起，这个世界最大的规则就是惩恶扬善，天道酬勤，遵守规则才是每个人能够堂堂正正行走的正途。

——马丁《敬畏规则》

马丁讲述了一个自己成长中的小挫折，剖析自己的成长历程，提示了在这个挫折中明白的一个道理，那就是"遵守规则才是每个人能够堂堂正正行走的正途"。进而告诉人们，捍卫规则是每一个人的使命，这个使命的力量正是推动人类社会文明的洪荒之力。如果人人都漠视规则，将会遭受规则的惩罚，让听众对遵守规则的要义有了醍醐灌顶之感。

剖析职业特质，诠释坚守品质

有一次我在外面施工，下着大雨，穿着雨衣干活不方便，索性就给它脱了，淋着干呗。干着干着突然这雨没了，不对，这雨还下着呢。我转身一看，一位70多岁的老奶奶站在我身边默默地给我打着伞，我这心里热乎啊！

干了八年，总有人问我你为什么干这个工作呀？很多人想听到一些高大上的理由，对不起，没有。这就是我的工作，我只是尽心尽力地在完成自己的工作。

总有人问我，你的梦想是什么？抱歉，我还是没有。我最开心的是干完活坐在粪车上，走在北京的街巷，车上放着摇滚乐，还听着小嗨曲，心里想着刚刚抽完的粪井又能正常运转了，我也觉得浑身舒畅。

要是没有抽粪工，大街上粪水横流，臭气熏天，谁还待得下去？时间久了，我觉得自己的工作挺有意义的。抽粪工，工作是臭了点，但这个城市没有你，太阳明天照常升起。要是没有我，那可真玩不转了。下水道堵了，我们手到擒来立刻给您疏通开，要是良心堵了，疏通起来可就不容易了。

——王淼《我是抽粪哥》

王淼用朴实的语言讲述了自己八年抽粪工的故事，剖析了抽粪工的艰辛、快乐和意义，展示了抽粪工的乐观态度，诠释了抽粪工的坚守品质。他的演讲让我们再次认识到，工作无贵

贱之分，正是因为有千千万万这样的坚守者，社会才更加和谐地运转。他们的品质用一句话来概括，就是：因为你的存在，能让别人生活得更好。在这一点上，听众可谓茅塞顿开。

剖析处世态度，诠释人生意义

我今天站到这儿，放下了很多机会来到北京，选择做个一无所有的北漂。我想让这个世界知道，我们这群20世纪末最后十年出生的人、在你们口中垮掉的90后，不是另一代人，而是另一种人。

也许快餐时代长大的我们太急于求成，可能我们理想得不够纯粹，也现实得不够彻底，但我们对规则跟稳定，没有崇拜也没有尊重，我们渴望与众不同，我们渴望活出自己的人生。所以，不管有多少人给我们兜售所谓的人生经验，我们还是不顾一切地跟这个世界死磕到底，因为我们不想普普通通地活着，过着朝九晚五的生活去成为一个体面的普通人。

我知道有很多人在对我说，醒醒吧，看清这个世界。但是对不起，我永远都不会停下。可能你们会说我无知，说我幼稚，可能最后的结局是头破血流，一无所获，可是那又怎么样，人生最遗憾的事从来都不是失败，而是我本可以。

所以永不妥协在我这儿，就是拒绝命运的安排，直到它回心转意，拿出我能接受的东西来。

——房琪《我们毕业了》

对于 90 后这一代人，社会上曾经有不少的指责和诟病。他们到底是怎样的一代人？房琪的演讲从自我出发，再推而广之，深刻地剖析了 90 后的处世态度和对人生的看法。让听众清楚地了解到，追求独立、敢于冒险、拒绝平庸、永不妥协、不以成败定义人生，拒绝命运安排的执着追求才是人生，是这一代人的处世特征。这样的剖析，让听众对 90 后的认识豁然开朗。

——材料选自《演讲与口才》（成人版）2017 年第 6 期宋佩华《自剖式演讲，让听众茅塞顿开》

读者心声：

在演讲中，讲自己的故事会显得更加真实可信，但是很多演讲者不会自我剖析，不知道自己的问题在哪里，不知道如何通过剖析自己，把更加有价值的东西展示给听众。

主编点拨：

以上我们从剖析"成长历程、职业特质、处世态度"这三个角度出发，诠释了"使命要义、坚守品质、人生意义"，让听众领悟演讲中的内涵和深度。所谓"文贵真情"，演讲亦如此。自我剖析式演讲，比起一味地引经据典、旁引博采，效果要好很多。那些从报纸、网络、文献中搜集的材料，与演讲者自身的经历和感悟相比，毕竟少了鲜活，少了真切。自身的经历和体验的剖析，就可以让听众从中得到借鉴，更容易让听众茅塞顿开。

第二章

如何使用素材

在一篇好的演讲稿中，素材起着至关重要的作用。如建房子，框架搭好了，素材就是用来打造外立面，是简单刷下水泥还是贴瓷砖，抑或是混合雕刻、宝石镶嵌等多种材料和艺术形式构建不同建筑形态？善用材料，演讲就会变得有料、有趣、有内涵！

1. 材料做导体，引听众共鸣

材料是演讲主题的重要支撑，是传递情感的"导体"，而鲜活的材料能把你的情感有效地传递给听众。反之，材料干瘪、枯燥，听众听得味同嚼蜡。

刻画经历，引人共鸣

过去我有一个标签，叫"网红书记"。巴东是国家级深度贫困县，我到任的第七天，网上就出来一篇《致巴东新任县委书记公开信》，洋洋五千言，字里行间满是悲愤、暴力、挖苦，我知道这个县委书记不好干！当天深夜，我在网上实名公开回复了他，鼓励他多提意见并留下我的个人邮箱，我的网红生涯就是这么被迫开始的。

在巴东的前一年半时间，光是大规模群众集体上访，我就接待过 30 批。最多的时候近 200 个老百姓把我团团围住，虽然有些问题我一时也解决不了，但是我肯定不会逃避。我不逃避与群众对峙，更加不逃避与腐败分子对峙。在我直接指挥的全县的反腐斗争中，光是我亲自签字抓捕的官员和不法商人就有 87 个。有人说我是在借反腐泄私愤！我都是这个地方的一把手了，我能有什么私愤？我有的是公愤，是代表 50 万老百姓的公愤！

——陈行甲《人生的上下半场》

社会的运行过程中，难免会出一些意想不到的问题，出问题是正常的，关键是看如何分析问题、解决问题，以及制定防

治措施的心态和力度。"网红书记"陈行甲通过刻画自身经历，所讲材料鲜活，情感真挚，一个不逃避与腐败分子对峙的干净干事、清白做人的县委书记形象跃然纸上。他人生的上半场就是干净守得住底线的官员，引起听众共鸣。

讲述故事，促人思考

9岁那年的冬天，爷爷躺在病榻上拉着我的手说："孩子，中国武术还剩下多少种了？"

我说："应该还有100多种吧。"

"曾经数以千计不止啊！都是我们这帮老家伙给带进了棺

材里！"

那个时候爷爷已病重很久，他真的熬不住了，可9岁的我不知道如何面对生死，我就使劲地拽着他，我不想让他走，最后爷爷还是闭上了眼睛。那一瞬间，我知道这个世界上最爱我的人、把我拉扯大的人离开了我，我也知道这个世界上再也没有一套完整的侯家拳了。

百年间，西方列强和日本的屠刀屠不尽我们仰天大笑出门去的豪迈，然而我们引以为豪的古老文明却正遭遇我们自己人的抛弃和摧毁，如果这份古老文明真的在我们手里流散，哪怕一点点，我们拿什么留给后人？我们又如何面对先人？我们用什么支撑我们内心的信仰？我们又如何启迪子孙文化的智慧？

——小侯七《听爷爷说逝去的武林》

"侠之大者为国为民。"中国武术，是捍卫我族文明迄今屹立不倒的重要的文化组成部分，是不可割裂的。当今，我们到底应怎样继承和发展中国古老文明？小侯七通过讲述自己是侯家拳第33代传人，在习武的同时，也一直在努力传承侯家拳文化的故事，痛定思痛，一下子就抓住了听众的心，引发听众的思考。

制造冲突，给人震撼

在我 14 岁那年，我的腰突然经常剧烈地疼，当时我去医院一查，"腰椎侧弯"。医生告诉我，可能是我这么多年高强度训练落下的后遗症，必须做手术，而且将来不能够再表演。

医生的话犹如晴天霹雳，那个时候的我才 14 岁。对于 14 岁的我来说，演艺生涯才刚刚开始，他告诉我以后不能表演，怎么可能？当时我就问医生，我说如果我不做手术会怎么样？医生说："那你的腰可能就废了，年龄再大一点还有可能瘫痪。"

我回到家以后，把所有最坏结果都想了一遍，我咬咬牙，在瘫痪和失去柔术之间，我最终还是选择了柔术。哪怕我的腰还有一天能动，我也要把柔术做下去！

　　这18年，我每一步都走得战战兢兢，每一步都在纠结和等待之间徘徊，我不知道哪一天也许瘫痪就真的来了，但是在这一天还没有到来之前，我不会停止一刻。

　　　　　　　　　　——刘藤《念念不忘，必有回响》

　　拥有三项吉尼斯世界纪录的第一柔术女王刘藤，高强度的训练让只有14岁的她便被腰椎侧弯疾病所困扰，她把每一次登台都当作最后一次表演。而她对柔术始终满满热忱，只是希望全世界的人能记住在中国有一名柔术演员名叫刘藤。演讲中，通过制造矛盾冲突可以抓住听众的注意力，而且这种矛盾冲突越明显、越强烈，就越容易带给听众强烈的震撼。

　　　　——材料选自王章材《鲜活的材料是传递情感的"导体"》

读者心声：

通常情况下，我们不会运用材料，不能把握材料的角度，不知道如何运用材料来和听众"沟通"。

主编点拨：

演讲家俞凌雄说："演讲材料是否鲜活，在很大程度上决定了演讲的成败。"所以，演讲前必须围绕主题，有针对性地选择好鲜活的材料，特别是选择那些符合听众心理需求的鲜活材料。唯有如此，演讲的意蕴才会深刻，给听众留下难忘的印象。

一般来说材料的选择要把握三个要点：一要准确；二要生动或有趣；三要有共情点。但是，当你有时候按照标准刻意地去寻找素材或者堆砌素材的时候，却并没有达到预期的效果，那么你一定是忘记了"真诚"。记住，所有的章法都可以不要，但你的讲述必须真诚。没有任何道路可以通向真诚，真诚本身就是通向一切的道路。前面三个案例，大家发现没有，讲述者都在真诚地讲述自己的故事，抒发自己的心声，没有装饰，没有刻意，没有迎合，所以大家听了才更感动，更有共鸣！

2. 巧妙牵引，让听众顺藤摸瓜

顺藤摸瓜，是指根据某个线索查究事情。在《我是演说家》第二季总决赛中，选手刘轩以一篇《担错为勇》夺取了总冠军，在这篇演讲中，他以偷寿司为线索，顺藤摸瓜地讲述了一个自己偷寿司前后的心理变化和感悟心得，一波三折的情节让听众听得兴味盎然。

开篇旁引，露出"藤头"

我念大学的时候，宿舍旁边有一个小商场，有很多的小吃摊，其中有一个卖寿司卷，老板是个韩国老先生，非常和蔼可亲，我们都叫他寿司叔叔。

有一天，我在宿舍看到一位同学抱着六七盒寿司回来，坐在那儿吃得很开心。他说："你吃吗？给你一盒。"我就坐在那边跟他一起吃寿司。然后，他说："寿司叔叔的店打烊之后，寿司是可以随便拿的。他平常都会做很多寿司，到了晚上八点以后，他就开始半价出清，到了十点打烊之后，卖不完的就放在冰柜里。后来，我发现了那个冰柜没有上锁，直接就可以拿了。"

我说："旁边有写免费吗？"同学说："没有，可是这个寿司一过夜的话，寿司米就会硬掉，硬了就不好吃，是没有办法卖的，第二天肯定全部报废丢掉，我是在帮他消除库存。"我听了好像也有那么一点道理。

演讲一开始，刘轩并不是讲自己偷寿司，而是讲另一个同

学"拿"寿司的事情，并对同学关于"拿"寿司行为的辩解产生心理认同。这种旁引术看似平淡，实则暗藏玄机，它等于抛出了一条"藤"，让听众摸到了触点，产生这样的联想：这个同学拿了寿司，刘轩也会去拿吗？也说明了自己为什么会去偷寿司的心理动机。这样一来，为他下面的演讲埋下了伏笔。

承接语境，揭示"藤干"

又隔了几天，我很晚才从图书馆回宿舍，路过寿司叔叔的摊位，那个冰柜果然没上锁，我就拿了一盒出来。忽然，有人在喊："喂，你在偷寿司？"我转头一看，一个保安站在那边。于是，保安给寿司叔叔打电话，问他要不要报警。

寿司叔叔却要我接电话，他很严肃地说："我再问你一次，你有没有偷我的寿司？"我说："有的。"寿司叔叔说："为什么偷？"我说："因为我肚子饿，反正你也卖不掉，丢了就会浪费。"寿司叔叔解释道："年轻人，我卖不完的寿司，我不丢，我捐。我在附近有很多家餐厅，每天有很多卖不完但还新鲜的食材，都捐赠给附近一个专门照顾流浪汉的庇护所。你今天偷的这个寿司，是一个无家可归的流浪汉深夜的晚餐，而你是鼎鼎大名的常春藤名校的学生。你今天自作聪明，觉得拿寿司好像很合理，但是你明明知道这是错的。你只在用你那个聪明的脑袋，而没有用你的良心。"他的每一句话像石头一样打中我，我听得非常难过。沉默了好久，我说："对不起，我错了。"

刘轩偷寿司被保安抓获并接受老板的教育的过程，承接上一段的语境，由他及己地把听众心中的猜想和疑惑明明白白地呈现出来，就像盖着黑布的魔法箱，此时的黑布已经揭开。老板的寿司并不会浪费，而是用来捐赠。刘轩的偷不在于一盒寿司本身的价值，而是伤害了受赠人的利益。如果说上一段听众还只是摸到"藤"的前端，此时已握到了主干。

连续翻转，呈现"藤节"

之后，保安叫我跟他一起走到寿司叔叔的摊位前，他拉开冰柜的门，说："老板交代你自己拿几盒寿司，他要我转告你，这个是以良心送给你的礼物，希望你以后多多用心。"我说："我真的不能拿。"保安说："你就拿吧，老板已经交代了，你起码拿一盒。"我很不好意思地拿了一盒。

走回到街上，一阵冷风吹来，我缩着脖子拿着那盒寿司，心里百般地愧疚。在哈佛广场附近，晚上的时候真的有很多流浪汉，我看到一位流浪汉，在一幢大楼的拱门里坐着，我就把那盒寿司给了他。我觉得那个时候，寿司叔叔愿意放我一马，

可能是因为我坦诚地认错，他知道我不是那种惯犯，他给了我一辈子都无法忘记的宝贵教训。

刘轩讲了出人意料的两个拐点：一个是老板并没有处罚他，而是让他再拿寿司；另一个是他把失而复得的寿司送给了流浪汉。这两个拐点相辅相成，第一个拐点为第二个拐点做了铺垫，第二个拐点是第一个拐点的结果，这个结果也是刘轩主动担错换来的。他的反思牢牢地扣住了演讲主题，通过故事的曲折展开让听众摸到"藤"的中心。

前后照应，摸到"藤瓜"

我有一个哈佛的同班同学，上个月被逮捕了。美国的证券交易委员会起诉他操纵公司的股价、做假账，金额高达数亿美元。我听到这个消息非常震惊。为什么呢？因为这个同学就是当年教我偷寿司的那个同学。

所以，今天一盒寿司，明天两个货柜，后天三笔假账，所有东西都变得合理化，如果你用那个聪明的脑袋去蒙蔽你的善良的良心。所以，让我们都勇敢地做一个敢言者，让我们做对的事情、说对的话，让我们相信人善良的一面。

在哈佛商学院，有一位非常著名的经济学家克莱顿·克里斯坦森，他有一堂很受欢迎的课，题目是"如何不去坐牢"。他跟所有学生说："你们未来一定会享有极大的权力，迟早会面对极大的诱惑，需要极大的勇气来诚实地面对自己，你需要勇气来坚持做一个有原则的人。"我觉得这或许就是勇者敢言最终的精神。

到演讲的最后，剧情再次发生翻转，由己及人，回到了开头所讲的那个同学身上，那个同学的不良下场既出人意料又在情理之中。这样的布局，不仅起到了前后照应的效果，还反证了老板说的那番话和刘轩自己的反思，强化了演讲的主题，听众也终于摸到了"藤"上的"瓜"——勿以恶小而为之，勿以善小而不为，也就是"担错者勇"。

——材料选自《演讲与口才》（学生版）2016年第3期艾燕茳《刘轩：巧妙牵引，让听众顺藤摸瓜》

读者心声：

很多演讲者，不会对演讲线索进行安排，不知道演讲的故事如何推演，如何依次按顺序展开，不知道怎么抓住听众的注意力。

主编点拨：

顺藤摸瓜术，就是根据演讲的线索，展开演讲布局和故事的铺陈。但要注意的是，在布局时不能过于平淡，必须注重起伏，安排好节点，让听众的摸瓜过程有"山重水复疑无路，柳暗花明又一村"之感。如此，才能让听众余兴未尽，趣味盎然。

顺藤摸瓜之术有时候也可以反着用，先看见瓜，再梳理藤蔓。比如樊登老师有一次讲到《西游记》，他说《西游记》不是一部小说，真正看懂的人会知道它其实是在讲如何修行。这个"叛逆"的观点扔出来，我们且看他如何见瓜顺藤。他说孙悟空代表着唐僧的另一面，那颗不受约束的心：反叛，天马行空，不惧任何规则，不为现实所困。孙悟空有 72 般变化，我们的心也有 72 般变化。这颗心的力量很强大，破坏力也很可怕，所以才会出现紧箍咒，为的就是约束那颗心。而猪八戒代表的是唐僧作为一个普通人的欲望。猪八戒看到美女、美食、金钱都会犯错。可是《西游记》里唐僧很少去管，去训斥八戒，因为我们对自己的欲望犯下的错误总是会比较宽容一些。而沙僧呢，他只知道干活，挑着担子无怨无悔，他说的每一句话都是对的，但是很无趣，他代表的就是唐僧的理性和逻辑。白龙马则代表的是唐僧的意志。无论团队中的其他人表现如何，是精诚合作还是闹着散伙，白龙马都是一定要去取经的。最后，修行是很重要的，要不然孙悟空和牛魔王，这对曾经的好兄弟，都是山野妖怪出生，但最后一个还是妖怪，一个却一路修行成为斗战胜佛。可见后天努力的重要性。至于九九八十一难里出现的其他形形色色的妖怪，就是代表着我们的七情六欲和各种贪嗔痴，包括为什么设计芭蕉扇在铁扇公主的舌头底下藏着，因为人类的口舌往往可以煽风点火，这些都是有寓意的。最后，当孙悟空修炼成佛求菩萨除去金箍的时候，菩萨说，我何时给你戴了，悟空一摸，金箍确实不见了。可见一个人最大的敌人永远是自己，是自己的心魔。这些"藤蔓"一条条梳理下来，你是不是一样觉得"哇，原来如此"，很有豁然开朗的感觉？

3. 典型例证，让听众抓住主旨

　　一篇好的演讲稿要想明确表达观点，就要善于选取恰当的事例。典型例证，能强有力地说明并且佐证你的观点，有助于听众准确接收演讲者所要表达的主旨。

热门话题，激发兴趣

　　最近，某地交警官方微信发布警情通报，称接到举报有一些开小车的驾驶员，在湖南省沅水大桥排队违停，占用道路拍抖音。这种违规占用道路拍摄抖音视频的现象，只是时下盛行的"抖音式生活"的一种缩影。

　　网友的"抖音式生活"也分为两种情况：一种是有人把拍摄抖音短视频作为自己谋取利益、赚取外快的手段；还有一种则纯粹是把拍摄抖音视频当作一种消遣，一种娱乐，在别人的

点赞、评价中满足自己的虚荣心。但是作为成年人，你应该为自己的行为负责，让自己的行为限定在国家法律与社会道德的轨道之内，而不能过于任性。

发布这类短视频的网络平台，也要加强审核监督的力度，发现短视频当中有违背法律和道德的行为的，坚决予以遏制、清理以及给予必要惩戒。

——苑广阔《警惕"抖音式生活"沦为社会公害》

"抖音式生活"原本纯属个人私生活，居然会沦为社会公害，这太不可思议了。演讲者例证这段材料可谓抓人眼球，一下子就激发了听众浓厚的兴趣，使听众对接下来的演讲充满希望和期待。

听众听后爱憎分明，那些为了自己的利益而肆意践踏国家法律和社会道德的人，已经沦为"社会公害"，因此有关部门必须重拳整治，绝不手软。

普遍现象，促人反思

当前，有些单位存在"鞭打快牛"现象，越是能力强的人，担当的工作任务越重，由此责任越多，有时受到的批评也就越多。而那些成绩平平、能力平庸的人，只承担无关紧要的事。

所谓"鞭打快牛"，就是走得越快的牛，赶牛的人越是会用鞭子打它，让它走得更快。而另一层含义则是，"赶牛人"完全放弃了对"慢牛"的鞭打，把所有的压力都放在"快牛"身上，这多少有些赏罚不明、奖懒罚勤的意味。

导致"鞭打快牛"现象存在的根本原因在于制度建设跟不上，这样不仅会戳伤"快牛"的积极性，还会浪费国家资源"养闲人"。要从根本上解决"鞭打快牛"现象，不断提升和强化队伍的业务能力，就必须建设"能进能出"的考核制度和更加量化、具体到人的考核标准。

——刘果果《从"鞭打快牛"到制度建设的思考》

能干的，忙得连轴转；不能干的，越来越清闲，如此怪象，让人诧异，怎样解决单位"冰火两重天"的问题？这实际上折射出的是队伍建设的制度缺陷，说到底是制度建设还没跟上步伐，之所以领导只盯着"快牛"，而对"慢牛"如此纵容，是因为现行的干部人事、考核制度都还不完善或是落实不到位，例证观点新意盎然，立场和态度鲜明。

以身示范，有理有据

前段时间，我买了一辆马自达。我给马自达做了一个广告，原价 20 万的车，16 万就卖给我了。刚开始，每次我开车进门，门口的保安都不让进。那个保安想：这个小区全是宝马、奔驰、

沃尔沃，怎么来了一辆马自达。我就把车窗摇下来，说："认识我吧？"保安说："认识。"我说："我能进去吗？"保安说："能。"这样七八次后，保安终于明白，这就是俞敏洪的座驾。从此，每次看到马自达抬杆抬得最快，一看就知道是我的车。

你看，马自达成了我的骄傲。为什么？因为我已经不需要靠买一辆豪车——奔驰或者玛莎拉蒂，来证明我是有身份的人。汽车是用来代步的，为什么非要买那么贵的呢？能用低价钱买有同样使用价值的东西，没有必要用高价钱去买。一定要学会回归理性，不要让物欲控制自己。

——俞敏洪《老俞闲话 | 提升修为，让工作和生命更加精彩》

普劳图斯说："有价值的东西，只有对懂得的人才有意义；否则，将会一钱不值。"汽车的价值，到底是其使用价值，还是为证明身份？作为著名企业家，演讲者通过购买马自达的事例，充分论证了我们在思维上要学会回归理性，不要被物欲所控制，观点是非分明，原来，盲目攀比只会害人害己，也给爱慕虚荣者有力的警示，自然引起听众的反思。

——材料选自《演讲与口才》（成人版）2019年第5期章材《例证法，旗帜鲜明地亮出观点》

读者心声：

在演讲中，我们对于已经确立的演讲主题，常常不知道选择什么样的事例来为我们的演讲做论证。

主编点拨：

例证，就是要举出恰当事例，旗帜鲜明地表达你的观点。案例分享得很好，我们的确可以从"热门话题、普遍现象、以身示范"这三个方面着手，来选取恰当的例证。

素材的积累和运用是个水滴石穿的过程，它是一场看不见的没有终点的马拉松，需要你平时多观察，多阅读，多感悟。这样，你就慢慢会讲看来、听来的故事，继而会讲身边人的故事，最后就能讲好自己的故事。高手的演讲一定是从自身出发，从真诚出发，舍弃所有套路，因为无招胜有招。

4. 活用事例，让听众融入其中

卡耐基说："抓住人心的捷径，在于以对方最关心的问题为话题。"但在演讲中，很多演讲者不善于活用事例素材，无法让素材吸引听众、打动听众。

让事例素材引出观点

刘媛媛在《超级演说家》节目中的演讲："前些日子有一个在银行做了十年的资深人力资源管理师，在网络上发了一篇帖子《寒门再难出贵子》，说在当下这个人情社会里，穷人家的孩子要想成功比我们的父辈更难了。这个帖子引起了广泛的讨论。你们觉得有道理吗？我就是出身寒门的，现在想想都不知道我爸妈是怎么把我从农村供出来上大学，甚至读研究生的。我一直都觉得自己特别幸运。其实我们大部分人都不是出身豪门，都是要靠自己的，所以你要相信，命运给你一个比别人低的起点，是想告诉你，用你的一生去奋斗出一个绝地反击的故事，这故事是'有志者，事竟成，破釜沉舟，百二秦关终属楚'；这故事是'苦心人，天不负，卧薪尝胆，三千越甲可吞吴'！"

90后北大才女刘媛媛的演讲，善抓热点，点睛明旨。她紧紧抓住某银行资深人力资源管理师《寒门再难出贵子》的典型帖子，反问"有道理吗"，言外之意就是，此观点毫无道理，寒门也能出贵子，从而起到了点睛明旨的作用，一下子亮明了她自己的观点。进而以自己出身寒门却学有所成为例，证明了"寒门也能出贵子"。演讲中，她还引用清代小说家蒲松龄的

"读书联"来升华主旨，告诉人们"有志者事竟成"的古老真理，令人鼓舞，催人奋进。

让事例素材相映成趣

俞敏洪在2015新东方梦想之旅"超级盛典"上演讲道："马云，我佩服他，首先是他跟我有同样的经历，我考了三年才考上了大学；他也是考了三年。我比他还要幸运一点，我考上的是北大的本科，马云考上的是杭州师院的专科。可见，我们除了长相上的不同，还有智商上的差别。但是，阿里巴巴去年才上市，市值就达200亿美元，新东方早在2006年就到美国上市，市值到今天为止才40亿美元。有时候我想，我跟马云的差距究竟在什么地方呢？后来发现，我和马云差了八个字，马云是一个典型的越败越战，越挫越勇的人物，我是典型的不是越败越战，越挫越勇的人物。阿里巴巴是马云做的第五个公司。请大家想一想，如果是你，之前连做四个公司都失败了，你会怎么办？你会想，老子天生不是干这个事情的料，我天生是给别人打工的料，我再也不开公司了。但马云想的是，前面的失败是为了奠定未来做世界大公司的基础。"

俞敏洪的演讲，寓事于理，相映成趣。他将"马云"和"自

细数我和马云的相同与不同。

己"身上存在的相同和不同的事例娓娓道来，包括教育经历、事业成就乃至个人长相，等等，不仅表现了他对马云的惺惺相惜，衬托出了和马云的差距，令人印象深刻，而且生动揭示了马云"越败越战，越挫越勇"的成功圭臬和人格魅力，让人心生敬佩。演讲中，我们若能像俞敏洪这样充分利用互相映衬、对应的事例素材，就一定能使演讲亦庄亦谐，妙趣横生。

让事例素材正反对比

主持人郑毅应邀回到母校四川师范大学影视学院，在"开学第一课"上讲道："我今天走在校园里，看到很多家长是开着车来送孩子的，很多家庭甚至是全家总动员、前呼后拥来送孩子的，'儿行千里母担忧'，这是人之常情。可我也不禁想到一个同龄孩子的故事：1911年，18岁的毛泽东独自离开家，孤零零地肩扛手提着行李，到省城长沙求学，这是他第一次走这么远的路，远没有今日学生父母相伴的温暖。可他爱读书，他形容自己走进湖南省图书馆，就像一头牛闯进了菜园子；可他有梦想，我想，跟这位湖南青年解放人类、改造中国的大梦想相比——英语过四六级的梦还远吗？考上研究生的梦还远吗？找一份力所能及的工作，好好干下去的梦还远吗？创立一番兴旺事业，实现一种人生价值的梦还远吗？"

郑毅的演讲，触景生情，对比鲜明。他以目睹的"新生多由家长相送入学报到"的事例与当年毛泽东"心怀梦想、独自离家外出求学并终有所成"的事例进行对比，来激励青年学生增强自立精神，要有远大的求学理想和人生梦想。一番演讲，因为事例突出，对比鲜明，从而给人以心灵的震撼和思想的启迪。

——材料选自侯爱兵《如何活用事例素材》

读者心声：

在演讲中，我们通常会用一些事例素材，但很难活用事例以发挥出事例素材的作用。

主编点拨：

演讲中，我们可以让事例素材引出观点、让事例素材相映成趣、让事例素材正反对比，通过这三种方法让素材为我们服务。事例最忌生硬照搬，那么怎么活用呢？前面的案例给我们的一个很大启发是，要善于就地取材。刘媛媛是从她关注到的网上的一个热帖出发，俞敏洪则列举了自己的好朋友马云的故事，郑毅则从他对开学报到现场的目睹有所感悟，往往，这些就地取材能迅速抓住听众的内心，因为它们创造了共情和共鸣的最佳土壤。

5. 深入浅出，让听众解其深意

黑格尔说："存在即合理。"对于寻常事例，听众常常忽略其背后蕴藏的道理。如果演讲者能深入浅出地从寻常事例中挖掘道理，则会让听众更好地理解演讲中所蕴含的深意。

单一问题，剖析原因

某权威部门主持的《新时代中国农民工回流情况》问卷调查，被媒体《新视点》曝光存在造假问题。如果属实，恐怕不单单是个丑字号的家务事，学术失范才叫人倍感失望与愤懑。一方面，实践调查是学术研究的重要环节，而实事求是又是实践调查的基本操守。作为一流高校，更该在失范的学术生态上率先垂范，零容忍、高要求。另一方面，学术不端已成为过街老鼠，更成为中国学术治理中的顽疾。

大学之大，恰在于有这些大格局、大是非观的学子；大学之大，亦在于母校对这些孩子秉持怎样的态度和姿势。如果来自闭门造车的调查，严谨的科学研究恐怕就成了笑话，"问卷事件"恐怕不能止步于自纠自查，还要举一反三、诉诸制度。一流高校在学术风气上，当高举"一票否决"的利剑，为中国学术生态健康贡献价值与力量。

——邓海建《"问卷事件"为学术生态敲响警钟》

有人说，"学术是社会最后的良心"。权威部门搞调研，"造"数据，学术失范叫人倍感失望与愤懑，这一问题为何会

频频出现呢？演讲者从这个单一问题入手，通过正反双向剖析，最终得出结论：这一问题的出现绝不能止步于自纠自查，更要举一反三、诉诸制度。如此一来，材料就具有了广泛的教育意义，催人反思。

个体表象，透析本质

王宝钏在寒窑苦守18年，受尽人间苦难，终于得与丈夫薛平贵团聚的故事大家耳熟能详。可是，到寒窑游览时，却略感失望和尴尬。尤其是进入景区的通道和广场，却被装扮得过于华丽，与寒窑本身的简单、素朴及其具有悲情意味的故事，形成强烈反差。更让人难以接受的是寒窑外面的主题广场雕塑，据说被设计成以爱情为主题的广场雕塑群，看起来却更像情爱主题。

广场是城市名片，它们以直观的方式，展示着城市的精神面貌和人文素养。对西安这样的世界历史文化名城，更应如此。面对这座十三朝古都、古丝绸之路起点、国际化大都市，我们应思虑周全、作风谨慎，将老祖宗留下来的遗产保护好、传承好，将城市文化建设好，以便更好地向来自全世界的游人和一切热爱中国文化的国际友人展示中华文化的底蕴、自信和尊严。

——宋宁刚《城市主题广场不能背离传统文化》

　　就事论事，只谈事物表象的演讲就好比一壶永远烧不开的水，让人感觉很无趣。如果你能为自己的演讲用心往更深层次拓展一下，精彩度也会随之提高。演讲者通过王宝钏寒窑外的广场雕塑这一个体表象，扩展到其在根本上背离了传统文化，揭示出主题广场的设计与规划不可轻率对待的道理，拨开表象迷纱，透析本质，发人深省。

平凡事例，解析道理

　　近日，多地曝出老年人被骗的消息。在保健品推销、纪念币收藏品拍卖、"会销"、高息理财等骗术的"围猎"下，一些老人少则损失数千元，有的被骗光一生积蓄，甚至负债累累。当老年人上当受骗成为案件时，公安、工商、食品和检察机关，只有依法履职尽责，积极主动为上当受骗的老年朋友依法讨回公道，并依法将骗子绳之以法，那些老年朋友才会在心灵上得到一些精神抚慰。

《孟子》中说："老吾老，以及人之老；幼吾幼，以及人之幼。"也就是说，要像尊重我们自己家的老人一样尊重别人家的老人，像爱护自己的孩子一样爱护别人家的孩子。此外，老人的这种精神特权需要子女依法履职尽责，父母才能获得最美好的精神特权。只有这样，老年朋友才不会被骗子"围猎"；只有这样，父母的合法权益才能得到依法保护。

——郭喜林《被骗术"围猎"的老人》

谁来保护被骗术"围猎"的老人？演讲者辩证地分析出平凡事例的真正原因，那就是多方合力，让老年人受到社会的尊敬。如此演讲，从寻常事例中解析真知，深挖道理，给人启迪。

——材料选自《演讲与口才》（成人版）2018 年第 16 期
豆芽菜《"三个诀窍"，揭开材料蕴含的深意》

读者心声：

演讲中，如何说明一个道理或者佐证自己的观点，更好地揭开材料所蕴含的深意呢？

主编点拨：

单一问题，剖析原因；个体表象，透析本质；平凡事例，解析道理。这三个"诀窍"足以让你深入浅出地传达出材料中所蕴含的深意，最大限度地调动听众情绪，让你的演讲达到最佳效果。

6. 反面案例，激起听众同理心

同理心，又叫作换位思考，即能体会到他人的情绪和想法，理解他人的立场和感受。在演讲中，反面案例更能激起听众的同理心，催人反省，给人启示，打开听众的心扉。

那是一个深夜，我被爸爸妈妈吵架的声音惊醒了。我从床上轻轻地爬起来，悄悄地走到客厅的门后面，透过一条门缝，看见我的爸爸正在打我的妈妈，我躲在那条门缝后面吓得浑身僵硬。更恐怖的是，从那时开始我成了妈妈的发泄筒，她经常无缘无故地打我。

为什么父母可以任意地虐待孩子，却要求孩子对这样的父母孝顺？为什么中国《反家暴法》已经颁布，可是还有很多中国人，都认为家庭暴力没什么大不了的？身体的伤痕会消失，可是心理的阴影很有可能伴随人的一生。我就是想告诉所有中国人，中国《反家暴法》已经颁布，国家已经以法律的名义宣布：家庭暴力不再是家丑，而是一种犯罪。一个人的身体和尊严，神圣不可侵犯。有暴力发生的地方，就是犯罪现场，哪怕这个地方叫作家庭！

——黄莉《家暴是一种犯罪》

黄莉从小生活在家暴家庭，不仅妈妈遭受家庭暴力，自己也同样遭受着家庭暴力的恶性循环，这样一个反面案例，一下子激起了听众的同理心，对黄莉产生了深深的理解和同情。黄莉通过反面案例，意在告诉听众家暴不再是件家事，而是一种

犯罪。演讲者通过讲述反面案例，告诉听众这样做有什么危害和后果，能够让整个演讲波澜起伏，起到震撼心灵的作用。

在上海违停非机动车整治清理临时集中停放点，各种品牌的共享单车横七竖八地堆挤在一起，形成"小山头""小坟场"，这不禁引人深思，"共享"为何变"坟场"，共享单车又该何去何从？

作为一种共享经济，共享单车的出现不仅方便了老百姓的出行，也丰富了城市绿色交通的内涵。对于新兴事物，我们往往都以包容的态度对待，但是包容不等于纵容。

共享单车随处乱停乱放，占用人行道、盲道、消防通道、绿化带……这无形中就浪费了我们城市原有的公共资源，破坏

了社会正常秩序。怎样治理好共享单车管理乱象，这需要我们
政府、企业和广大人民群众齐心协力，共同配合。

社会是一个整体，只有政府、企业和人民群众齐心协力，
才能让"共享"真正受益于社会，受益于人民！

——李镁《莫让"共享"变"坟场"》

政府和企业投放共享单车的初衷，是为了促进共享经济的
健康发展，却想不到让"共享"变成了阴森的"坟场"，这样
的反面案例让人大跌眼镜，也自然勾起听众的同理心，共享单
车将何去何从？让听众认识到必须依靠政府、企业和广大人民
群众三者间换位思考，多替对方着想，密切配合，才能解决好
问题，从而给人启迪，增强了演讲的高度和深度。

小雨的爸爸在小雨出生没几天，就因为跟人打架把人打成
重伤被关进了监狱，而小雨的妈妈也走了。可怜的小雨，只能
被寄养在伯父家里，一直没有上户口。亲子鉴定结果让我十分
意外，因为小雨和狱中的爸爸没有血缘关系。

五年后，当我再见到他们时，眼前那个开朗乐观的大男孩，
竟然是当年胆小怯懦的小雨，而那个满面笑容的男人，就是狱
中的那个爸爸。原来是因为当年的鉴定，小雨还是没有办法落

户，父亲只能领养小雨，需要再做一次鉴定。小雨的爸爸笑着对我说："谢谢您，尽管小雨不是我亲生的，但我决定像对待亲生孩子一样待他。"

从事亲子鉴定15年，如果不是小雨和他的家人，我不敢相信这个职业可以和人的真善美产生联系。其实亲子鉴定不是一把利刃，它不会割坏人心，而是一把拂尘，拂去了虚假之后，会让真情更显珍贵。

——邓亚军《亲子鉴定》

邓亚军通过讲述一个亲子鉴定的反面案例，使得听众较为吃惊，然而不是小雨的亲生父亲，却领养了小雨，这个反面案例激起了听众的同理心，听众被这位父亲的行为深深感动。通过这样一个骇人听闻的反面案例，弘扬了尽管没有血缘关系，人世间也一样有真善美的存在，具有非常强的感染力和震撼力，给听众留下了非常深刻的印象，进而取得了演讲的成功。

——材料选自《演讲与口才》（成人版）2018年第1期王章材《反面案例，激起听众的"同理心"》

读者心声：

演讲中，我们经常会列举一些正面的案例，引导听众积极地思考，但其实反面案例更能激起听众的同理心，引发深刻的思考。

主编点拨：

反面案例，即背离人们的常规逻辑思维，从反方向立意选材料，这样使得演讲更有冲击力，能够深深地震撼听众的心灵，从而引发听众的同理心，使得演讲达到顺服人心的效果。

7. 情节曲折，演讲才有爆发力

清代袁枚说："文似看山不喜平。"情节曲折，是指演讲的材料内容有波折，出人意料，往往看似"山重水复"，忽然"柳暗花明"，这样的演讲才会摄人心魄。

当我们走进一户人家采访时，看见一位老妈妈正在屋里煮着一锅黑乎乎的野菜。当野菜煮开后，她就往里面撒了一把玉米面。我们都以为那是猪食。可过了一会儿，老妈妈端起了那碗黑乎乎的东西吃起来——这就是她的饭。朝屋内四周一打量，她家所有的东西也就值几十块钱。我们的摄像师实在看不下去了，就拿出一百块钱递给她，说："您拿这钱去买只小猪来养，也许能帮点忙。"

听县长说，在整个山沟里都破不开这一百块钱。哪知，老妈妈竟激动地抱住摄像师说："你是我的儿子！"当时我很难过，不仅是因为我眼前看到的赤裸裸的贫困，还是为老妈妈说的这句话，我们做什么了？人家叫我们儿子，把我们看作自己的孩子！

——敬一丹《传播有价值的声音》

敬一丹的演讲跌宕起伏，一波三折，先写我们误以为是猪食的一锅黑乎乎的野菜，再写整个山沟里都破不开摄像师给的一百块钱，最后写老妈妈抱住摄像师说"你是我的儿子"，在展现山区农村的落后时，运用设置悬念的方式，让整件事情更加沉重地敲击着人们的心，感染着听众的内心深处，引导听众进入演讲的艺术境界。

　　我开始大量的训练，在冰水里来回地游，但是训练的关键是做好心理准备，来面对将要来临的挑战……实际上我已经在脑海里游过北极成百上千次了，经过一年的训练，我觉得我准备好了，我自信能够完成这次游泳，所以我和五名队员在一起，搭乘了一艘破冰船，向北极进发。

　　第四天，我们决定试试水，只游五分钟，我还没有在零下 1.7 摄氏度的水里游过泳，然后我穿上游泳裤，跳进了海里。那一刹那的感觉是我这辈子都没有过的，当时我简直无法呼吸，我大口大口地喘气，但是很快就喘不过来了，仅仅几秒钟，我的手就麻木了。

可奇怪的是，你人在冰冷的水里，可是感觉浑身像是着了火一样，我竭尽全力地游了五分钟，我只记得我想尽快从水里爬出来，我爬到冰面上，摘下眼镜看我的手指，我都震惊了，因为我的手指肿得非常厉害，像香肠一样。

——刘易斯·皮尤《游过北极》

有人说："成功的演讲是一个个小奇迹，人们由此看到不同的世界。"好的演讲离不开精彩的故事，刘易斯·皮尤写自己和队员在北极进零下 1.7 摄氏度的水里游泳的体验，演讲出来的故事在娓娓道来之间凸显魅力，为演讲的主题营造出一种惊险刺激、充满神奇色彩的氛围，达到一种曲径通幽、引人入胜的演讲气势。

有一次，我还在玩手机，从小到大没有对我发过火的弟弟，竟然夺走了我的手机摔在地上，冲我大喊："夏仁珍，你真别把自己当我儿子，我这么费劲把你带来北京，如果你这么不努力的话，还不如回家去养老等死呢！"我愣住了，接着弟弟往自己的胸口上打了一拳，这一拳仿佛又回到了我的身上，好疼。

我今年22岁了，却像个寄生虫一样寄生在弟弟的身上，跟十年前一样，依然在等死。我不想拖累弟弟，可是我能做些什么呢？死神在我 12 岁那年打了一个盹儿，但我脑袋里的这颗定时炸弹还未解除，也许它会永远休眠，也许它就在明天爆炸。可是我已经学会把每一天都当作最后一天来过了。

我可以骄傲地说，我已经找到了生活下去的意义！曾经的那些黑暗，居然没有干倒我，那我就要干翻你！

——夏仁珍《我被封印了》

已 22 岁的演讲者和双胞胎弟弟相依为命，并且弟弟把哥哥带到大学校园里生活。"你真别把自己当我儿子"，演讲者情节曲折地讲述停留在 12 岁的自己与弟弟的矛盾冲突，故事感人至深。演讲者将这所有的感情蓄积起来，用一句"曾经的那些黑暗，居然没有干倒我，那我就要干翻你"，引爆听众的泪腺，让听众感动不已，也对听众进行了一次精神的洗礼。

——材料选自《演讲与口才》（学生版）2018 年第 3 期章材《情节曲折，演讲才有爆发力》

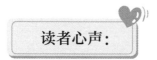

读者心声：

我们经常听到一些很乏味、很平淡的演讲，难以激发听众的兴趣和热情，这是因为在演讲中对情节的设置没有把握好，情节不够精彩，不够吸引人。

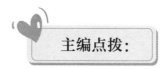

主编点拨：

唐诗云："曲径通幽处，禅房花木深！"在演讲和写作中，情节的设置有如园林造景，平铺直叙，一览无余肯定让观者索然无味，一步一景，且别有洞天则让观赏者惊喜连连。所谓"无限风光在险峰"，写文章和演讲一样，要有曲折起伏，因为风景就藏在那里。学会卖关子，学会设置悬念，学会首尾呼应，学会巧藏道具，学会抖包袱，这些都可以让你的演讲妙趣横生。

第三章

如何运用技巧

在演讲过程中，如果想让我们的演讲更有吸引力，那么修辞手法必不可少。适当地运用修辞手法对演讲稿进行一些艺术加工，可以有效地改变演讲过于严肃、沉闷的状况，增强语言的生动性和形象性，也就增强了语言的感染力。

1. 巧妙发问，让演讲环环相扣

发问，是演讲中一种不容忽视的吸引听众的技巧。在演讲过程中，演讲者如果能够巧妙发问，让演讲中上下层的关系像逻辑链条一样紧密相连，从而使说理更加透彻，这样不仅能占据主动主导优势，充分调动起演讲的气氛和兴致，而且能引发听众求知求证的欲望，唤起听众的思考和共鸣，能为演讲增添不少亮色。

适时发问，牵制听众

提到少年犯，你会想到什么？连扇同学几十个耳光的校园小恶霸？又偷又抢的入室盗窃惯犯？欺负完女同学还把视频发到网上的小流氓？

但是现实真的是这样吗？他们的背后是千千万万个失衡的

原生家庭。

这些恶劣的案行，往往让我们觉得违法未成年人个个都冷酷、变态甚至是无情，但是现实真的是这样吗？其实，在我接触的这么多违法犯罪的孩子中，他们每一个都很优秀、有天赋。如果他们在学校，他们会是非常优秀的学生；如果他们在工厂，他们会是非常优秀的学徒；如果他们在运动场上，他们会是非常优秀的运动员。可是他们没有，他们偏偏戴着手铐来到了我这里，这是他们的不幸，更是我们的悲哀。

也许有人会问我，齐警官，解决了原生家庭的问题，就一定能解决青少年犯罪吗？当然不能，但是原生家庭的影响，却

适时发问，牵制听众

是这之中最为关键的。我想对在座的各位说，请好好爱护你们的孩子，不要让这样的错位反复出现！

——齐艳艳《少年犯罪谁之罪》

当"提起少年犯，你会想到什么"这一问题抛出后，听众被吊起了胃口，自觉按照演讲者的引导去思考答案，最后回落到"父母的冷漠和不作为"这一主旨上来。发问，是演讲中诱导的关键环节，演讲中适时、适景、适度地发问，可以始终牵住听众的"牛鼻子"，起到"牵制听众，争取主动"的作用，让听众对你的演讲感兴趣，并按照问题引导一步步探究结果。

牵连发问，控制局面

怎么了？我欠你钱怎么了？我打你怎么了？有能耐你把我带去监狱。当时听到这话我就爆发了，是你欠别人工资，你还说别人不仁不义，是你打记者，你还口出威胁，我给你打工，你给我工钱这是理所应当的事，你不给钱还欠了三年的时间。

这个世界到底怎么了？为什么会有这么多不正常的事情？不正常到出门去买菜，我们从开始对缺斤少两的批判到对足斤足两的歌颂；不正常到食品制造商仅仅是制造出了合格的商品，就被奉为良心商家了；不正常到"老人摔倒扶不扶"这样的话题，都可以作为一件大事搬到台面上进行大讨论。

但是，每一个心存正义的人，他从来不问结果只管去做，至于结果怎么样，时间会给出答案，我那个被包工头殴打的记者带着农民工兄弟找到劳动监察部门，最终帮工友讨要回来了拖欠了三年的工资。让我们所有人向这些良知的保有者、公理的坚持者、正义的践行者致敬，他们是这个社会最厚重的亮色。

——崔建宾《正义的力量》

演讲者由"向欠薪的包工头讨债，对方却蛮不讲理地反诘"这一事例，联系到生活中一系列社会黑暗面，意在告诉听众时

代急需正义，每个社会个体都应心存正义。演讲中，有时通过发问的方式，将有一定联系的几个方面的问题牵连在一起，设计出由表及里的连环问题，环环相扣，牢牢控制住局面，就可以让你的演讲脉络更清晰、更有层次感，一步一步走进听众心里。

驳诘发问，增强气势

你对南加州被枪杀中国留学生了解吗？每次想到这里，我都恨不得能够穿过那个电脑屏幕，去揪住对面那个键盘侠的领子，去质问他："你了解他们吗？你敢为你说的每一句话负责吗？你知道你无心一句会给两个无辜的家庭带来怎么样的伤痛吗？为什么要给两个素昧平生的人，贴上这么恶毒的标签呢？"但是问到这里我又觉得有一点后怕，贴标签好像是一个我如此痛恨他们强加在我朋友身上的事情，但是仔细回想我在生活里有没有给别人贴过这样带着倒刺的标签呢？仔细想想好像还真是有过。

我也羡慕过隔壁班打篮球打得生龙活虎的小伙子，觉得他肯定是个头脑简单的体育生；我也嫉妒过职场上平步青云的同龄人，觉得他肯定是后台很硬的关系户；我还腹诽过保时捷里面花枝招展的小姑娘，觉得她是攀上高枝的金丝雀。为什么贴标签这样一个我这么痛恨的行为，我自己在生活里却每每做得不亦乐乎呢？我觉得可能是因为我的懒惰、我的无能和我的虚荣心。

——陈抒泽《带刺的标签》

演讲者用一连串的驳诘发问，意在为南加州被枪杀中国留学生正名，气愤中语气铿锵，气势逼人，对"乱贴标签"进行酣畅淋漓的痛恨批判，留下震撼人心的演讲效果。很多时候，当四平八稳的演讲不温不火时，演讲者可以使用驳诘发问全面转守为攻，增强火力，形成心理上的优势和逼人的气势，这样往往比正面肯定更有力量，也增强了演讲表达的深度和力度。

——材料选自王颖彬《巧妙发问，让演讲环环相扣》

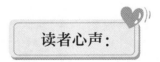

读者心声：

在演讲中，当我们要引述一个问题时，不知道怎么说，这个时候就可以巧妙发问，通过发问的方式激起听众的好奇心，引出我们想要表达的内容。

主编点拨：

陶行知先生说："智者问得巧，愚者问得笨。"演讲中的发问能力不容小觑，它直接决定了演讲者沟通能力的强与弱。在演讲过程中，演讲者如果能够巧妙发问，不仅能很好地激发听众的好奇心，充分调动起演讲的气氛和兴致，而且能引发听众求知探索的欲望，让听众跟着演讲者的思路来听完整场演讲。

但我们需要知道的是，一个问题很短，背后的准备却很长。在我的采访生涯里，每次提问，我都要求自己做好功课，大量阅读相关话题和人物背景，以提高问题的精准度。以每次采访平均阅读十万字计算，我至少累计阅读九千万字。这并不是一个轻松的过程，但充满乐趣。因为当你发问的时候，你就要知道，跟一个从未见面但并不陌生的灵魂的约会开始了。

2. 对比反差，突出演讲要旨

对比反差法，就是通过对比，制造反差，在演讲中形成语言、情感和内容上的反差，从而更好地突出演讲要旨，感染听众。

《芈月传》首播会上，演完"甄嬛"又演"芈月"的孙俪，谈到两个女性角色的不同时，即兴演讲："如果说甄嬛是一个公司的部门经理，那么芈月就像是一个 CEO，她们二人管的层面不一样，每天思考的层面也不一样。甄嬛面对的只是后宫以及女人之间的叽叽歪歪，格局小。芈月格局更大，不拘小节，她面对的是一个国家，她的野心是要一统江山，所以她根本不屑于甚至是很厌烦与后宫的女人争权夺势的。就像一个 CEO 才不会去管员工们上班打不打卡、迟不迟到之类的小事，那是部门经理才会纠结的事。所以演完这部剧，我自己都变大气了。"

孙俪巧妙比喻，用"公司CEO"和"部门经理"两个不同职位的精妙对比，生动刻画了"芈月"和"甄嬛"两个人物形象的反差，让大家认识到了她们不同的人生格局、交际范围、生存方式和处世方法，乃至完全不同的命运结局。孙俪演讲中虽然没有讲述太多的剧情和故事，却能把两个人物区别得如此分明，不能不佩服她对比反差的演讲功夫，更重要的是，表达出了她"人要有大格局"的演讲主旨，引人共鸣。

北大才女王帆在《我是演说家》中的演讲："一个看脸的世界，谁都想提高自己的颜值，但是如果一个人颜值很高，但他言而无信、花言巧语，你会喜欢他吗？有一个人颜值不高甚至有点低，他会仗义执言、金玉良言，你会喜欢他吗？会！这就说明外貌的'颜值'远远比不上语言的'言值'重要。黄渤长得不帅，但他努力演到了金马影帝。有一个很帅的主持人采访他：'马云说男人的相貌跟他的才华成反比，你怎么看？'帅哥主持人就是想当众让黄渤出个丑，但是黄渤反问道：'我相信这句话也一直激励着你吧？'让这个只有颜值、没有言值的主持人哑口无言。仅仅靠颜值并不能成为一个真正有魅力的人。而言值却能够凸显一个人的智慧和气质。愿我们都能成为这个时代的言值担当！"

王帆匠心独运，立意高明。她巧妙利用谐音将"颜值"和"言

值"拿来进行对比，并赋予深刻的内涵，更以黄渤接受高颜值主持人的采访答问为例，通过巨大的反差，深刻揭示了语言的"言值"比外貌的"颜值"更重要的演讲主旨，表达了在新时代应该大力倡导并颂扬"言值"、号召人们要有言值担当的智慧和远见，令人醍醐灌顶。

关德辉在《相亲相爱一家人》中的演讲：我13岁在出版社当漫画助理，17岁出版个人唱片专辑，被评为马来西亚十大歌星的冠军，当时第二名是已经红遍亚洲的巫启贤大哥，《单身感觉》《我是个容易伤心的人》更是让我成为白金唱片歌手，被台湾媒体誉为"东南亚天王"。

那时的我，人生仿佛开挂，初出茅庐便与吕方、姜育恒、潘越云等前辈合作录唱片《相亲相爱一家人》。

可是表面上风光幸福、意气风发的我，其实内心深处有一个从未让人知道的秘密，一个黑暗深处最怕被人揭开的疮疤。那就是：我有一个不愿意让人知道的二哥。

成长过程中，最让我接受不了的就是我的二哥。他没上完中学，不念书后开始接触损友，抽烟、喝酒、打架、吸毒、混黑道。一直以来我都视他为家里的毒瘤。成为艺人后，我特害怕别人知道我有这样的哥哥。

　　一边是全国十大歌星之首，风光无限的东南亚天王；一边是视自己二哥为毒瘤，不想别人知道还有二哥的"无情无义"之人。这种两面人行为，形成了强烈的反差，听众不禁联想，他是怎么与二哥和解的，是什么让他与二哥和解的等问题，这为后面的演讲埋下了伏笔，听众也由此被紧紧吸引住了。

　　——材料选自《演讲与口才》（学生版）2016年第6期侯睿哲《对比反差，突出演讲要旨》，《演讲与口才》（成人版）2019年第5期宋佩华《"反差式"演讲，更具吸引力》

读者心声：

　　在演讲中，就某一个问题，我们无法清晰地描述清楚，不知道怎么才能让听众明白我们所要表达的意思，总感觉自己的讲解不够充分具体。

主编点拨：

　　遇到无从下手的情况，我们可以运用对比反差的手法，通过演讲中语言、情感、内容等方面的反差，从而突出演讲的主旨，来实现感染听众的目的。

不知道大家有没有注意到，每一次苹果手机的发布会，不管是乔布斯还是库克，他们在阐述新品的时候，都会用到对比，而且几乎是全程使用对比，以达到"令人激动"的效果。对比可以让一切复杂、深奥或难以解释清楚的东西变得直观化。同时，对比，也是一种常用的心理战术。就好比有的咖啡店经常在黄金位置放一瓶矿泉水，标价可能高到二三十，为的就是让你在买他们二三十一杯的咖啡时觉得物超所值，从而刺激你多买咖啡。所以矿泉水只是用来做对比的攻心术，所谓"醉翁之意不在酒"，这正是对比的厉害之处。

3. 借物抒怀，演讲更具感染力

借物抒怀，是一种以描写事物来表达自己思想感情的写作手法。想要更好地运用这一手法，关键是找准物品的特点与自己的感情引起共鸣的地方，使物品与感情相统一，使感情有所依托。演讲中，借用具体的某一事物来例证，使主题得到充分阐释，演讲会更具有感染力。

借一幅画，抒发情怀

我身后这幅画中有一棵树，不知道大家能否叫上它的名字？它叫苦楝树，对土壤没什么要求，在酸性、中性土壤与石灰岩地区均能生长。今天我要说两个人，他们32年守岛，在王继才夫妇心中，岛就是家。他们从岸上一点点运来泥土和肥料，在石头缝里种上树。如今，100多棵苦楝树在岛上顽强生长着，老王去世后，一棵在岛上生长了30年的苦楝树在台风过后枯死了。王仕花含泪说："老王走了，岛上最大的苦楝树也死了，可能它也想老王吧！"不久前，王仕花向组织递交申请——继续守岛。她说："守岛不仅守的是我们一个小家，更是千家万户的幸福，老王没走完的路，我继续替他走下去！"

——胡春艳《一朝上岛，一生卫国》

借画抒情

32年来，王继才和妻子在默默守岛中相濡以沫，在"小我"的清闲享乐与"大我"的爱国奉献之间，他们毅然选择了守岛卫疆。演讲者借一幅苦楝树的图画，借物喻人，喻指夫妻俩像苦楝树一样不畏艰苦，忍受寂寞，接力奉献，毅然决然扎根在孤岛上的爱国情怀。

借一杯水，阐明道理

我手中是一杯水，如果你手上拿了一杯水，接下来你要干什么？这个问题，我最先是从一本书上看到的。我觉得特别有意思，于是问了很多人，他们的回答无非就是：喝了、倒了。可我们走进大学校门，原本是想让我们的视野变得更广，可惜的是，当我们被迫或者不得不选择一个专业的刹那，忽然发现，自己的视野变小了。我们做的所有事情，都是要为专业课服务；我们的未来，一定要和专业有关；甚至找工作的时候，别人第一个问的是，你是什么专业？可是谁规定，一个人大学被分配的专业就一定是自己以后要走的路。谁规定，一个人上的大学种类，就一定要从事相关的工作。如果你有一杯水，接下来你要干吗？答案很简单，你要做你自己想做的事情，和水没关系。

——李生《无限的可能》

演讲者借手中的一杯水，告诉听众有关亦无关，因为未来不一定会沿着当下的方向发展，跳出眼前的限制并不意味着脱

离了轨道，或许我们只是为了寻找生命的另一种可能。演讲中应选择代表性事物，使观点更加稳妥扎实，听众会因事物的典型和观点的精辟，而受益匪浅。

借一张名片，昭示责任

我先给大家做一个自我介绍，这是我的名片，可能跟大家的不太一样，我的名片是一个盾的形状，中间是两把利剑。我来自国家级反恐突击队之一"蓝剑突击队"，有我们出现的地方都是劫持人质、涉恐、涉枪、涉暴的重大突发事件现场，所以我们所面对的都是最危险的犯罪分子，而我们所要做的就是要么谈判劝降、兵不血刃；要么从天而降、一招制敌；要么远程狙击、一枪毙命。经常有人问我："那么多的危险现场，你害怕过吗？"怕！我当然怕！但这就是我的职业，既然选择了我就要坚持下去。只要老百姓平安就是我们最大的成就，就像蓝剑的寓意一样，我们这把和平的利刃，一定会用精湛的技艺和钢铁般的意志，守卫人民的平安！

——龚彪《我的使命》

演讲者借助与众不同的名片开讲，新颖震撼，给听众强烈的冲击力。作为一名反恐特警，有他们出现的地方都是重大突发现场，所面对的都是最危险的犯罪分子，然而他们却没有一次失败，因为一旦失败就意味着要付出生命的代价，名片在昭示责任的同时，更让人敬佩不已。

借物，通常要以引发听众兴趣为第一要务，因为满足听众才是演讲成功的开始。这也提醒我们，对大千事物，一定要勤于搜集，精于甄选，敢于扬弃，如此才能取得演讲的成功。

——材料选自王颖彬《借物抒怀，演讲富有感染力》

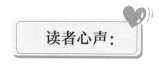

读者心声：

演讲中，我们丰富的内心情感，不知道通过借助哪些事物表达出来，总是找不到一个恰当的宣泄口……

主编点拨：

借物，通常要以引发听众兴趣为第一要务，因为满足听众才是演讲成功的开始。这也提醒我们，对大千事物，一定要勤于搜集，精于甄选，敢于扬弃，如此才能取得演讲的成功。前面我们通过"借一幅画，借一杯水，借一张名片"，抒发了感情，阐明了道理，昭示了责任，提高了演讲的感染力。其实借物抒情的案例比比皆是，就像大家常听的周杰伦的歌曲，什么"最美的不是下雨天，是曾与你躲过雨的屋檐""仪表盘转动，在猜我会不会懂，速度再快也追不回承诺""风筝在阴天搁浅，想念还在等待救援，我拉着线复习你给的温柔"，看是不是通过借物可以很快拉近与听众的距离？中国人讲含蓄，通过借物，反而让你要表达的情感更真挚。

4. 巧用排比，增强演讲气势

排比是一种把三个或三个以上意义相关或相近、结构相同或相似、语气相同的词组或句子并排，从而达到一种加强语势效果的常见的修辞手法。在演讲中，排比可以加强节奏感，让演讲更有条理；可以表达强烈的感情，达到增强演讲气势的功效。那么，在演讲中，组合排比句有哪些窍门呢？

变换物类成排比

这种排比很容易见到，也很容易掌握。它是不同物类阐述话题，使之丰富多彩。这些物类可以是动物、可以是植物、可以是景物。例如，一位同学在《坚持自己的风采》中说：

是一朵寒梅，就不应该羡慕春花的绚丽，而是应尽情地展现自己傲霜的姿态；是一株青草，就不应该美慕白杨的伟岸，而应尽情地吐露自己珍贵的绿丝；是一颗石子，就不应该美慕大山的险峻，而是应尽情地奉献自己天然的质朴。不切实际的梦想只能引导人生走向暗淡，没有根脚的建筑只会带给生命灾祸变乱。锻炼自己，形成自己的风采，坚持自己的风采，才能开拓人生的新天地，呈现生命的大精彩！

这段演讲的亮点在于，用一组排比句，借物说理，突出了主题。寒梅、青草和石子，单个空间上的事物，各有自己的优点，将三个事物放在一起，内容丰富，结构整齐，排列蓄势，为后面"做人也应该形成并坚持自己的风采"做好铺垫。演讲者变

换空间，选物不一，既让语言充满美感，又很好地表达了观点，值得借鉴。

巧设博喻成排比

这种方法结合了博喻和排比两种修辞手法，针对同一事物，连续设喻，以求穷形尽相，生动活泼。例如，在和年轻人交流时，一位演讲者做了题为"青春最有魅力"的演讲：

同学们，你们想想，在这个世界上，还有什么字眼比"青春"这两个字更动人，更富有魅力呢？青春是清晨的太阳，她容光焕发，灿烂耀眼，所有阴郁和灰暗都遭到她的驱逐；青春是一只高飞的雄鹰，她有力的翅膀像飘扬的旗帜，召唤着理想，憧憬着未来；青春是一棵茂盛的大树，她绿色的盛装点缀着世界，使春天的景象长留人间；青春是一支余韵缭绕的歌，她把浪漫的情怀和严峻的现实交织在一起，拨动每一个人的心弦……

这位演讲者，运用了大量的比喻，从不同的角度揭示了青春的内涵。将青春比作"清晨的太阳"，是因为两者都还"年轻"；比作"高飞的雄鹰"，是因为两者都有"理想"；比作"茂盛的大树"，是因为两者都有"生气"；比作"余韵缭绕的歌"，是因为两者都很"动人"。青春是一个很抽象的概念，但运用博喻，化抽象为具体，变单调为生动，使听众如沐春风，心旷神怡。

连续设问成排比

这种方法结合了设问、排比两种修辞手法，通过连续的设问形成排比结构，在一次次的问答中，层层深入，加强文意。例如，一位同学做的题为"点燃人生"的演讲：

人生苦闷吗？不，我们有激情，我们会欢笑。在前进道路上，我们要学习，要奋斗，要追求。人生是如此丰富多彩，何谈苦闷？

人生如戏吗？不，我们在思考，我们在流汗。在人生旅途中，

我们有角色，有义务，有使命。人生是如此严肃正经，岂能当戏？

人生如梦吗？不，我们有恒心，我们有行动。在通向彼岸时，我们在忍耐，在搏击，在战斗。我们勇敢地付出，我们的梦就不会太遥远……

这段演讲的成功之处在于演讲者连续三次设问，在一次次问答中，态度鲜明地告诉听众——人生不苦闷，人生不是戏，人生更不是梦。演讲者通过自问自答的方式，有力地批判了那些错误的论调，弘扬了积极的人生观、价值观，给人以力量，给人以震撼，自然引起听众共鸣。

连续假设成排比

这种句式一般是将假设和排比结合到一起，同时在假设中往往又有对比的因素。例如，一位同学在"为自己的世界而战斗"的演讲中，这样说道：

也许你是一个燃烧失败、出世就遭冷落的瓷器，没有凝脂样的釉彩，没有精致的花纹，可当你摒弃了杂质，由泥坯谱成瓷器的时候，你的生命已经在烈火中变得灼人又亮丽，你应该因此而欣慰。

也许你是一块矗立山中，终日承受日晒雨淋的顽石，丑陋不堪而又平淡无奇，在沧海桑田变迁中，被人千百年地遗忘在那里，可你同样应该自豪：长久的屹立不倒，便是你永恒的骄傲。

也许你只是一滴细小的、被绿叶完全遮盖了的露珠，根本无法得到路人的半点目光，更不会有人给你赞叹，但是你晶莹剔透、纯洁无瑕，更重要的是你用微小的身躯滋润了绿叶。

演讲者使用了三个"也许"，三个假设，假设之中有比喻，假设之中有对比，语言整齐之中有变化，句式运用有新意。实际上，通过瓷器、顽石和露珠来激励听众，旨在说明哪怕是最平凡的人也在为自己的存在而战斗。整段文字表达效果极佳，从根本上说，还是修辞运用得当的结果。

——材料选自林胜禹《巧用排比，点亮演讲》

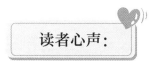

读者心声：

在演讲中，很多人不会运用排比，写出来的演讲稿没有气势，起不到感召听众的作用。

以上我们介绍了"变换物类成排比，巧设博喻成排比，连续设问成排比，连续假设成排比"四种方法，从不同的角度介绍了组合排比句的窍门。组合排比句式是演讲语言艺术的一种重要技巧。用它来说理，可收到条理分明的效果；用它来抒情，显得节奏和谐，感情洋溢；而用它来叙事说景，则能收形象生动之效。更重要的是，排比带来的排山倒海的气势感会让听者更震撼，达到"花重锦官城"的效果。

忽然想起抖音上一直流传的电影《画皮》里的台词，大家可以再体验一下排比的魅力。

雀儿（欣喜地）："姐姐，你看我知道疼的感觉了。"

小唯（淡漠地）："只有人才知道疼。"

雀儿（不服）："可是我真的知道了。"

小唯（继续淡漠地）："不过被扎了一下，不要以为自己什么都懂。"

雀儿：（倔强地）："我就是懂。"

小唯（严厉地）："你有过人的体温吗？有过心跳吗？闻过花香吗？看得出天空的颜色吗？你流过眼泪吗？世上有人爱你情愿为你去死吗？有吗？！"

5. 善用比喻，让演讲生动形象

比喻是一种常用的修辞手法，用跟甲事物有相似之点的乙事物来描写或说明甲事物。在演讲中运用比喻，会让演讲生动形象，增强听众的理解力，很好地起到启发人、感悟人、教育人的作用。

"明喻"让听众理解

清华大学梁思成教授在给新生做"盘子和罐子"的演讲中说："今天老师给你们挑了很好的教具，罐子和盘子放在一起，这里面就有很深的哲理。一个盘子，你滴上几滴水就看见一个很大的水面，你可以一眼就看见它有多少水。但是一个小口的罐子，你却看不见它有多少水，即使装满了，你看见的水面也只是一点点。你把它碰翻了，它洒出来的水也只是一部分，还有很多留在里面，所以要知道盘子的水绝对不如罐子里的水多，你要想喝到这些水并不容易。你们考上了清华大学，自己觉得了不起，但那只是一个盘子，是你们看得最清楚的，一点一滴都看见了。但是你们的老师则是一个罐子，首先你要认识到他们的容量是很大的，要知道他们的学问都装在肚子里，你是看不见的。所以，骄傲的人像盘子，谦虚的人像罐子。"

这个演讲中的明喻，"人"是本体，"像"是比喻词，"盘子""罐子"是喻体。把骄傲的人比作盘子，把谦虚的人比作罐子，启发学生应该像罐子那样，虚怀若谷，努力汲取知识。这样比喻，生动形象，给人的启迪很深，更容易让人理解而感悟。

"暗喻"让听众动容

黄寅在"这里好美"的演讲中说："昨天，我校举行了各种体操比赛。一班的同学奉献的是哑铃操，哑铃舞动，发出整齐的脆响；二班同学的扇子操翩翩起舞，让人眼花缭乱；三班的葵花操，无数的葵花向阳开，叫人心旷神怡；我们班的呼啦圈操虎虎生风，使人精神振奋。啊，这里好美，同学们的精彩表演幻化成一幅精美绝伦的图画，让人流连忘返、爱不忍弃。我爱我们的学校，我爱这里的老师和同学。"

这个演讲中的暗喻，"同学们"是本体，"幻化"是比喻词，"图画"是喻体。把同学们参赛表演比喻成图画，精妙绝伦、情牵梦绕，让人对学校、对老师、对同学产生无限遐想和深挚的爱。这就是比喻生情、情从心生的演讲效果，它让听众无比动容，值得运用。

"借喻"让听众彻悟

王栋在"不要让片面蒙住眼睛"的演讲中说："我跟着我爸来到了一片成熟的麦田里，看到几只很不起眼的小虫子。我问爸爸，这是什么虫啊？爸爸说，这是萤火虫。萤火虫？我简直不敢相信自己的眼睛，萤火虫怎么会是这个样子？它不就是个小昆虫嘛，而萤火虫会发出荧光，一闪一闪的，多美妙啊！当晚，为了解答我的质疑爸爸领着我到了野外。田野上舞动着无数的灯盏，多么令人神往啊！原来，同一种事物在不同的时刻会有不同的视觉效果，但本质是相同的，就像萤火虫，我们白天看到的是虫，晚上看到的却是灯。"

这个演讲中的借喻，本体和比喻词都没有出现，喻体是"田野上的灯盏"。把萤火虫夜间发出的光借喻成灯盏，形象直观、生动有趣，它很好地诠释了演讲的主题：看问题要全面，要看到它的本质。这样直观的借喻，让演讲起到揭示事物本质的作用，让听众彻悟。

——材料选自《演讲与口才》（学生版）2019年第4期施国斌《三种比喻，让演讲生动形象》

读者心声：

在演讲中，比喻的运用可以使演讲内容生动、形象、具体，让听众迅速领悟，但是比喻有几种类型，我们分不清楚，经常混淆，不能准确地运用比喻手法。

主编点拨：

应该说，比喻是最常用也是最重要的修辞手法，不管是在沟通还是写作中，比喻的地位重之又重。除了上面列举的"明喻，暗喻，借喻"三种方法，还有博喻、倒喻、反喻、缩喻、扩喻、较喻、回喻、互喻、曲喻等多种比喻的手法，同学们可以一一研习，善加利用。我为什么说比喻这么重要呢，大家看很多经典文学名著，不难发现，文学大师都是比喻的高手。常常一个比喻句就能成为整个文学作品的灵魂。比如钱钟书的《围城》：婚姻就像一座围城，里面的人想出来，外面的人想进去。比如张爱玲的《红玫瑰与白玫瑰》：一个男人的一辈子都有这样两个女人，至少两个。娶了红玫瑰，久了，红的变成了墙上的一抹蚊子血，而白的还是"床前明月光"。娶了白玫瑰，白的便成了衣服上沾的一粒饭渣子，红的却是心口上的一颗朱砂痣。所以比喻句不只是演讲中陪衬的小绿叶，它也可以是大红花，需要时可以用比喻来直接点题，更会起到四两拨千斤的效果。

6. 描摹细节，触发听众动情点

细节，是情感喷发的"开关"，细节描摹到位，才能打开听众的情感闸门，以情动人。

抓捕细节，触发正义之情

刚从警校毕业的我，被分配到派出所当治安民警，工作刚半年，我们所辖区连续发生了60多起扎毁汽车轮胎案件。所里成立专案组，每天晚上的十一点到凌晨五点，彻夜蹲守，终于在第三天的凌晨四点，出现了一个形迹可疑的身影。

我立即下车准备盘查，但嫌疑人看到我撒腿就跑。追了四五百米，就在我伸手就能抓到他的那一刻，嫌疑人突然转身持刀猛地刺向我。躲闪不及，我飞起一脚踹在他的胸口。嫌疑人是个体重200斤的壮汉，踉跄着退了几步，居然没有倒。紧接着他冲过来，持刀疯狂地朝我身上猛刺，我向后退了几步，嫌疑人也不敢轻易再上来。在对峙的那几秒钟，我突然感觉胸口发热，当时只有一个想法，只要我发现了你，就不可能让你跑了。持刀的嫌疑人被我制伏了，我才觉得胸口特别疼，撩起衣服一看，发现血已染透了毛衫，流进了裤子里。

——张超《在你看不见的地方守护你》

张超的演讲将抓捕过程进行了动作分解，一个动作就是一个细节，一个动作就像一个画面，这些动作串联起来，如一条电影胶片，将抓捕的全景过程完整地呈现在听众面前，尤其是"血染毛衫，流进裤子"这个细节，更让听众深切感受到人民警察所面临的危险，体会到抓捕的艰难，从而触发了听众内心的正义之情。

逃生细节，触发崇敬之情

建昆仑站最大的困难就是运输，我们一次运输500吨的物资。雪龙船遇到乱冰区，有四五米的冰，然后放车下去，结果一辆车就压塌海冰掉进海里去了。开车的是我们的一个机械师，他就在那辆车里。车一下去，他从正驾驶的位置跳到副驾驶位置，然后把顶窗打开，让海水涌进来，把那顶窗冲开，把他冲出去。脱离的时候，他的一只鞋被钩住，他把那只鞋蹬掉，又顺着车掉下来的那条水道浮到水面上，自己爬了上来。那真是九死一生，只有一线希望的情况下，他抓住了。

我们把所有的东西集中起来以后，出发不到500千米，另外的三辆车在路上抛锚了。到最后，500吨的建站物资，我们是用八辆车运上去的。为了运输这些物资，每天半夜宿营，到第二天七八点钟起来继续行走。经过20天，终于把全部物资都拉上去了，又经过两个星期把昆仑站建了起来。

——李院生《问鼎南极之巅》

在这段演讲中，机械师徐霞兴在南极乱冰区的逃生镜头，给听众留下深刻的印象。这归功于李院生在演讲时的细节刻画，他用了一连串的动词，跳、顶、冲、钩、蹬、爬，这些细节的刻画，紧紧地揪住了听众的心，既体现了南极科考的艰险，又反映了科考人员的冷静、智慧和勇敢，触发了听众对科考人员的崇敬之情。

高温细节，触发爱国之情

我们在巴基斯坦，最高气温是 55 摄氏度，大家知道这个温度是什么概念吗？就是你裸露的皮肤，不小心碰到脚手架，瞬间就会被烫起泡。这么高的温度，我们只有拼命地喝水，可是喝下去的水，马上变成汗水蒸发掉了，一天都不用上厕所，可是肾里的杂质排不出去，导致有的人得了肾结石。

后来我们采用低垢的饮用水，调整了作息时间，尽量避开高温时段，也采用了当地的一些土办法来避暑。刚到巴基斯坦的时候，我们发现当地人用头巾，把头部全都包裹起来。当时我就感觉特别奇怪，这么热的天，那么厚的头巾，和夏天穿一件棉袄有什么区别啊，难道就不怕捂出痱子吗？

后来我自己试了一下，别说，真管用。它可以避免太阳直接暴晒你的头皮，也可以把你的耳朵和颈部这些裸露的部位包裹起来，避免脚手架的烫伤。有人问我："55摄氏度高温，你们怎么那么能抗？"其实我想说："我们哪里是能抗，我们完全是在死撑。"

——时飞《治不必同，期利于民》

裸露的皮肤一碰脚手架立即起泡，喝下的水立即变成汗水被蒸发，一天不用上厕所，演讲者利用这些细节，把巴基斯坦的高温天气描绘得淋漓尽致，把中国援建工程队"死撑"也要把援建工程高质量完成的国家荣誉感、责任感展现了出来。这些工程人员可以说是新时代最可爱的人，听众自然而然地从他们身上触发起自己的爱国精神。

——材料选自宋佩华《"三处细节"，触发听众的"动情点"》

读者心声：

在演讲中，很多演讲者不知道如何体现细节，不知道怎样通过抓住细节来抓住听众的心。

细节，是秀发上那枚夺目的发卡，是旗袍上那朵艳丽的胸花，是白皙颈项上那条迎风的丝巾，也是演讲中触发听众情感的动情点。以上我们通过"抓捕细节、逃生细节、高温细节"三个方面，触发了"正义之情、崇敬之情、爱国之情"这三种情感，可见细节在演讲中发挥的重要作用。

运用细节的能力主要还是靠平时的积累和观察。善于把握细节、描摹细节的人也多半是个敏感细腻的人。我们一方面要不拘小节、胸怀大志，一方面也要善于换位思考，处事周全。所谓"心有猛虎，细嗅蔷薇"。细节可以成就文学的丰碑！一部《红楼梦》处处都有细节的光辉！不要觉得细节是烦琐的，是累赘而无用的，细节是抵达深刻的唯一捷径。你们看《红楼梦》里有那么多诗，很多人跳着看，或者细看每一首都不怎么惊艳，好像不如《唐诗三百首》流传得广，但是曹雪芹为什么还要乐此不疲地去写那么多的诗呢？文学评论家木心讲得很好，他说，如果把《红楼梦》比喻为一个鱼缸，那么《红楼梦》里的那些诗就是水草。失去水草的鱼缸还美吗？而当你通读完《红楼梦》再去看那些诗，你发现一切人物命运的脉络和哲理竟然早已潜伏在里面。所谓"初读不解诗中意，再读已是诗中人"，不要小看细节的力量，细节往往能起到点石成金的作用，生活中多的是司空见惯和千篇一律的东西，但是如果你在这些司空见惯里挖掘到细节，那么你就可以化腐朽为神奇！

7. 刻画细节，演讲熠熠生辉

没有细节就没有艺术。没有细节刻画，演讲就缺乏震撼人心的艺术力量；精彩的细节刻画，会增强演讲的生动性和感染力，让演讲熠熠生辉。

细节描写突出形象

古老师一看就知道是教历史的。眉骨有点凸出，嘴也有点凸出，从侧面看，跟出土文物北京猿人有许多相似之处。古老师的穿着，一看也像是教历史的。一年四季，冬天穿对襟棉袄，不穿羽绒服；春秋天穿中山服，不穿西装，更不打领带；夏天穿白绸短袖衫，不穿T恤。古老师的脚上，不管春夏秋冬，永远是一双黑色的圆口布鞋。古老师很瘦，脖子特别长。他进教室的时候，总是先把门推开一点点，把头伸进来，把教室里的每个人全面地扫视一遍，再把细细的身体从窄窄的门缝里挤进来。古老师开始说的第一句话，总是"上节课，我们讲到哪里了呢？"豆芽儿信口开河："中国的四大发明。""具体点说，是哪一个发明呢？"教室里热闹起来，争得不可开交！

——杨红樱《非常老师》

没有细节刻画，就没有活生生、有个性、有血有肉的人物形象。演讲者通过外貌、服饰、动作和语言等细节描写，让古老师的形象宛如就在听众眼前。生动的细节刻画以形传神，具体渗透在人物描写中，把"非常老师"形象塑造得更鲜明，让演讲有了深深的感染力。

细节描写彰显品质

"失火了！"王锋一边大声呼喊，一边折回头冲进火海，救出了妻子和儿子。"你打电话报警，招呼好孩子，我得去救人，楼里还有很多人。"王锋安顿好妻子潘品后，便转身第二次冲入火海。这一次，挽救了住在一楼东间的两名学生和一名托教老师的生命。此时，楼内已火光冲天，还不时响起爆炸声。"里面还有人，我还要去救人。"说完这句话，他第三次冲入火海。这一次，他挨家挨户敲门示警。邻居听到咚咚的敲门声，赶忙起床逃生。楼里二十多个人得救了，而原本是第一个逃出去的

王锋，第三次从火海中出来时，已被烧成了"炭人"，全身乌黑，神志已经不清了，就在这样的情况下，他依然边跑边喊，奔走呼号。住处巷口五六十米的路上，留下了王锋带血的脚印！

——陈小平《精神在，希望就在》

白岩松说："人们需要英雄。"面对千度烈焰，王锋没有犹豫，没有退缩。他挨户敲门，他被烧成"炭人"，他带血的脚印留在了小巷中。这些细节刻画让人印象深刻，凸显出主人公无私无畏的高贵品质，彰显了浴火涅槃的演讲主题，在感动中给听众迸发向上、向善的力量。

细节描写刻画性格

我对黑人有种恐惧，却跟黑人马丁住一个房间。那天，我正穿着一件新衬衫去餐厅吃饭，突然那一桌的师兄们开始食物大战，有一堆粘了番茄酱的薯条扔到我身上，我生气极了，就李小龙上身了。回来后，我气咻咻地躺在床上，马丁一边帮忙清理衣服上的番茄酱，一边慢条斯理地说："哥们儿，这有什么呢，值得这样生气吗？一定要用生气、打架和暴力来解决问题吗？你可以用幽默来化解一切，如果你制造一个小小的幽默，比如说脸上这样假装有一条线，拉着对方嘴巴的这种，然后往后拉，结果就可以逗到别人，也让自己整个人放松开心起来！"说完，马丁跳上床就扑在我身上开始比画动作，我忍俊不禁。后来，不管在任何生气的场合，我学会了以幽默给他人带来快乐！

——陈奕迅《我以幽默带来快乐》

运用细节描写，要为刻画人物性格以及揭示演讲主题服务。马丁教会演讲者学会用幽默化解生活中的不快，刻画出室友马丁幽默、诙谐、乐观的性格特点。当无趣的生活遇上幽默高手，一切都快乐起来，演讲传递给听众用幽默给他人带来快乐的道理，给人启迪。

——材料选自王章材《刻画细节，演讲熠熠生辉》

读者心声：

在演讲中，我们不知道怎样通过刻画细节来让演讲内容深入人心、给听众留下深刻的印象。

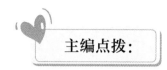

主编点拨：

　　以上我们介绍了"突出形象、彰显品质、刻画性格"三种细节刻画在演讲中的重要作用，在演讲中，注重细节刻画，就会让你的演讲主题更加深入人心，给人留下难以磨灭的印象！

　　比如我们经常谈到的主题——母爱，美国《国家地理》用细节刻画了这样一个让人泪目的故事：一头20岁的名叫j35的逆戟鲸妈妈，17个月来做好了一切准备迎接新生命的到来，对于它的族群来说，这也是3年来它们中的第一个新生命！然而来之不易的鲸鱼宝宝在仅仅诞生了30分钟之后，就离开了这个世界。悲痛欲绝的鲸鱼妈妈背着幼崽尸体，在海中游了1600多千米，在悼念了整整17天后，它终于选择了放手，完成了这场"漫长的告别"。

　　20岁，17个月，30分钟，3年，1600千米，17天，这组看似简单冰冷的数字背后，却是细节编织的情感巨网，这就是细节的力量！

第四章

如何更有感染力

演讲比赛

　　演讲的目的，是让听众同意自己的主张、观点和立场以取得"共识"，并在此基础上激发"共情"，达到心灵的"共同成长"。那我们在演讲的过程中，就要时刻考虑听众的感受，用真情、真心、真理来叩开听众的心扉，震撼听众的心灵，有效唤起听众的心理共鸣。

1. 逻辑清晰，让听众抓住主题

美国演说家博恩·崔西说："逻辑清晰是构筑精彩演讲的框架。"优秀的演讲者之所以能够成功，其重要原因就在于能把演讲的清晰逻辑与信息内容二者有机地融为一体，既增强演讲的可信度，又增强演讲的表现力，让你的演讲表述更富有条理性和说服力，让听众不再"雾里看花"，准确抓住主题。

逻辑推理，让听众如梦初醒

左宗棠远征新疆，王伟捐躯南海，曾经很多人不理解他们的付出与牺牲，但现在我们知道，他们为国家守住了边防和海防，为生活在这个国家的每个个体和家庭构筑起一道牢不可破的安全线。

我忽然有些明白维和战士的意义是什么了，从1992年维和柬埔寨，2006年维和中东，到2014年维和南苏丹，戴着蓝盔的战士背后从来不乏置疑和不解。但是千千万万个李磊和杨树朋，他们是在更大的尺度上为这个星球上的每一个国家，构筑了一道属于世界的安全线。

因为，今时今日的世界它是扁平的，是开放的，中国的命运从来没有跟其他国家交织得如此紧密，今天的安全线已经不再是一国的边防和海防，而是一张遍布全球广袤无边牵一发而动全身的安全网。今天的安全线不只属于中国，而是属于每一个地球公民，这些安全线的和平牵绊着人类的共同命运！

——陈抒泽《大国担当》

我国还有很多贫困人口，还有不少山区儿童上不起学、贫困老人看不起病，维什么和？花着成千上万纳税人的钱，却把我们的战士送到他国替别人出生入死，图什么呢？演讲者从左宗棠和王伟两个事例推理延伸，让听众瞬间醒悟。演讲者的思维过程，必须服从于严格的逻辑规律和规则，若能做到逻辑清晰，思路通畅，推演合理，自然能让听众欣然接受。

逻辑对比，让听众茅塞顿开

有个故事，我的朋友从纽约回来，我问："哥们儿，你认为纽约最成功的设计是什么？"他说是那条斜斜的百老汇大道！看我疑惑不解，朋友解释说，大家都认为横平竖直、棋盘式的街道最好，可我为什么会欣赏那条斜斜的大道呢？因为斜路从棋盘中穿过，不但造成建筑的多样变化，而且形成特别的聚落与文化景观，还有街头表演的艺人和卖小吃的摊贩，尽管这些可能是造成脏乱差的因素之一，但一座大城市所要表现的，不只是现代，还有古典；不仅是繁华，还有悠闲；不单是整齐，还有变化。如果一座城市只有整齐与漂亮，却缺少它特有的气质，那它绝不可能成为伟大的城市。所以，任何落地的设计都必须严格规范和统一，因为先要求整齐，才能由此要求变化，整齐中的变化是变化，变化中的变化，却可能是杂乱。理解了这个，才能说是一种上好的设计！

——刘墉《整齐与变化》

　　什么是整齐，什么是变化，从美学的范畴来看，很难三言两语说清楚，演讲者巧妙运用逻辑对比，让听众马上明白"整齐与变化"两者之间的关系，给人以茅塞顿开之感。如果演讲者空洞地大讲理论，无疑让听众如同钻迷宫，但通过逻辑对比，把具有明显差异、矛盾和对立的双方安排在一起，形成相辅相成的比照和呼应关系，就可以有效地加强演讲的艺术效果和感染力。

逻辑递进，让听众恍然大悟

我知道，家是不容易讲理的地方。但讲道理的家庭，趋向于快乐、健康与富足，不容易丧失理智与财富，而且优势不停累积，两三代之后，人才辈出，锦衣玉食不是梦；不讲理的家庭，趋向于烦恼、痛苦与贫穷，时间、精力与金钱都浪费在内战中，所有成员的生活水准向最坏、最弱、最霸道的那个人看齐，永远向下沉沦。但家真是不容易讲理的地方。

在家庭之外，你的谈判对手耍泼不讲理，你的选择是惩罚他，或者不与其合作，你的利益不会受到损害；在家里，你的家人要泼不讲理，你的选择反而是退让和妥协，让他掌控你，指望牺牲自己的利益感动他。

那么，随着在家里放弃说理的人越来越多，不讲理的人总是在家里胜出，"家不是讲理的地方"这种谬论，才开始流行。是的，家是不容易讲理的地方，所以，我们更要努力在家里讲道理，这才是智慧的选择。

——连岳《家是不容易讲理的地方》

家是不是讲"理"的地方，有没有"理"可讲？演讲者在先肯定"家是不容易讲理的地方"之上步步为营，逻辑递进，得出

"努力在家里讲道理"这一真命题，让人耳目一新。对复杂的命题如果仅纠缠在表层，即使演讲者口若悬河、滔滔不绝，听众也会不知所云，不明其意。只有逻辑清晰的人，才能直击矛盾的焦点，层进剖析揭示真谛，让听众彻底晓悟。

——材料选自《逻辑清晰，让听众不再"雾里看花"》

读者心声：

演讲中，有的演讲内容逻辑不清晰、逻辑混乱，没有条理性，让听众听得云里雾里、模糊不清。

主编点拨：

让自己的话语有逻辑，是征服完美者的必要工具。优秀的演讲者，不仅要有广博的学识、精辟的见解以及娴熟运用语言的能力，而且必须具有较高的逻辑修养，能够逻辑清晰地表达和论证自己的观点，使演讲中心明确，结构严谨，并具有较强的感染力和说服力，听众听后自然一清二楚，收到事半功倍的演讲效果。

如何培养自己的逻辑能力？第一个建议是，多在两件事情之间找因果关系。第二个建议是，学着质疑和挑战一种"想当然"的因果关系，在人云亦云中建立自己的判断。第三个建议是，永远保持客观心，既要擅长从一件事联想到其他事情，也要学会区分事实和想象，不要轻易当一个论点的旗手，而要先做论据的搬运工。

2. 吐露真情，让听众为之心动

古人云："感人心者，莫先乎情。"情感是艺术的灵魂，也是演讲生命力的源泉。"情不深，则无以惊心动魄"，一场吐露真情的演讲，足以让听众沉浸其中，令他们心动。

以反差形成动情点，吐露师生深情

有位老师在全县演讲比赛中，以"用爱心播育爱的种子"为题讲述自己的故事：

我刚参加工作那会儿，班里一名学生因为肚子不舒服吐了一地，教室里马上弥漫着难闻的气味。许多学生捂起了鼻子，皱起了眉头。还有一位同学在旁边叫起来"熏死了，熏死了"。我停止讲课，并没有批评他们，也没有露出厌烦的表情，先让学生去洗漱，然后拿来簸箕、笤帚，耐心地打扫地上的呕吐物。学生们顿时安静下来，还有几个学生主动当我的帮手。后来，一个学生在周记中写道："就是老师的爱心和行为，深深打动了我，她那么年轻漂亮，她那么干净素雅，却如此不嫌弃脏，她的爱心潜移默化地感染了我！"看到学生的话，我由衷地高兴。更令我欣慰的是，几天后，又有一个学生生病吐了，这时，学生没有一个嫌脏的，有好几位同学还立马起身帮助打扫，有的拿来纸巾递给那个呕吐的学生，还有的端来温水。看着学生的所作所为，我欣喜地笑了。

教师对学生的爱是最无私的，这种爱不能仅靠嘴巴说，还需要用行动去表达，需要用爱心去传递。这位年轻的女教师，通过讲述自己为生病学生打扫呕吐物，影响了学生行为这么一件小事，以反差手法形成动情点，吐露了自己的内心情感，传递了老师对学生真挚的爱。听众从她的话语中感受到了师生情深，感受到了爱心的力量，无疑被她深深地打动了。

以对比形成动情点，吐露母爱深情

有位印度姑娘在新加坡参加全国华语演讲大赛，在"宜将寸草报春晖"的演讲中，她叙述了发生在中国的两件事：

有这样一位母亲，她的小女儿不幸患上了白血病，必须抽掉身上坏死的血液，换上新鲜、健康的血液。就是这样一位极其平凡的母亲，她什么也没说，毅然把自己的血液一滴一滴地输给女儿。为了让女儿多留几个微笑在这个世界，能多收获一段美丽的人生，她整整输了八年！女儿的面色由惨白转为红润，而母亲的面色却由红润转为惨白。还有一位母亲，她的两个孩子在水边玩耍，不小心，一同掉进了水中，母亲闻讯赶来，看到在水中挣扎的孩子，什么也没想，什么也没说，一头扎进水里，奋力把孩子顶出水面。孩子得救了，可她却永远地沉入了水底。

　　如何把母爱表达得充分到位？唯有吐露真情，以情感人。这位演讲者怀着对这两位母亲极其崇敬的情感在叙述这两件事，并用对比方式形成动情点，当讲到"女儿的面色由惨白转为红润，而母亲的面色却由红润转为惨白""孩子得救了，可她却永远地沉入了水底"，强烈的对比把当时的情景再现出来，把听众带到了可以想象的情境之中，这样听众怎能不为之感动呢？

以真诚形成动情点，吐露爱国深情

　　北京小伙子张昕宇参加《我是演说家》节目，在"中国人不是不行而是不想"的演讲中，他讲述了面对许多外国人的质疑，自驾帆船从上海出发到达南极长城站的故事。

　　用了差不多八个月的时间，我们一路从中国出发，过了北半球的西风带，过了北太平洋的风暴带，终于到达了长城湾。我们的目的地——长城站就坐落在长城湾里。之前，从未有过大型船舶通过长城湾，我们随时有可能触礁。当时我拿着无线电不停地喊："长城站，长城站，这里是北京号，可以抄收吗？"就这样持续了四小时。

　　当时从电台里传回了这样的呼应："北京号，北京号，这里是长城站，能听到吗？北京号，北京号，这里是长城站，能听到吗？"这是远离祖国大陆两万千米之外的南极，这是我们一路艰辛在海上漂泊了八个月以后，第一次听到的中文回复！那个瞬间船里安静了，所有人都流泪了，当时的心情我难以表达。

　　历时八个月，历经诸多艰难，自驾帆船到南极，这是多么艰难而又自豪的事情。他表达了自己真挚、深沉的爱国之情，而这个动情点就是那个呼号，当听众听到"这是远离祖国大陆两万千米之外的南极，这是我们一路艰辛在海上漂泊了八个月以后，第一次听到的中文回复"时，没有人不为之动容，这真情的吐露，敲开了每一个听众的情感闸门，让他们忍不住热泪盈眶。

　　——材料选自《演讲与口才》（学生版）2015年第9期艾燕茁《吐露真情的演讲，更令人心动》

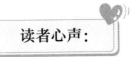

读者心声：

演讲过程中，演讲者经常没有真情实感，不知道从哪些角度表达自己的真情实感。

主编点拨：

枯燥无味的话，万言亦无益；吐露真情的话，一句也动人。正如我之前讲的，真诚就是最好的路径，最好的套路。演讲者不能只是背诵冰冷的概念、干巴的事实，要把你的真诚注入演讲之中，只有当听者感受到你的诚意，他们才会打开心门，接受你所讲的内容，彼此之间才能实现沟通，产生共鸣。

3. 藏理于事，让听众沉浸其中

万象世态，独具慧眼的人，往往能依据事例分析出其中蕴含的道理，使演讲走向精彩。那么，如何才能藏理于事让演讲更精彩呢？

揭示实质显精彩

行进的电车上、喧闹的街边、街角的咖啡馆、车站机场里，随处可见安静的读书人，这样的阅读场景正渐成城市风景。中国社会的阅读氛围正不断向好，越来越多的公众正将阅读当成一种生活方式。我国全民阅读率确实在连年提高，但很大一部分是学生为了完成强制阅读任务所做的"贡献"。

推广全民阅读，不能对学生的课外阅读作业进行简单量化，而要努力为他们创造"无压力阅读"的良好环境；更不能"大人不看书，孩子读死书"，而应全家人共聚一室、同读一本，鼓励和提倡陪伴阅读。

最值得反思的是，我们对于阅读的认知还没有完全摆脱"一味索取"的依赖，摈弃功利性阅读，学会给阅读"减负"，恰恰是我们摆脱庸常、"遇见更好的自己"的要旨所在！毕竟，只有找到那一片宁静的心灵港湾，我们才能以更加饱满的精神姿态扬帆远航！

——姜平《让阅读摈弃功利》

"梧桐一叶而知天下秋"，要想让演讲走向精彩，就要让事例中蕴含的实质显现出来，看出事例的实质和发展的趋向。姜平

在讲述全民阅读的现状时，缘事析理，深刻揭示出我们对阅读还没有完全摆脱"一味索取"的依赖，必须摈弃功利性阅读，彰显出对时下急功近利的阅读的批判以及对给阅读"减负"的渴望。

比较鉴别出精彩

有个犹太朋友曾经半开玩笑地跟我说，中国人大概是世界上最喜欢投机赚钱的。我说你们犹太人不是更喜欢投机！他纠正我说，犹太人做生意的秘诀其实是投资。他的家里都是生意人，而他从小受的教育是不鼓励投机行为的，财富得靠积累。

我开始玩味起"投资"和"投机"两个词来，乍一看，还真挺难区分的，但仔细想想，就体会出差别来了。君子兰其实也可以挣到钱，如果你一心一意钻研种植的学问，投入精力和时间，等有一天培育出了世上独一无二的君子兰，怎么可能不卖钱？这是投资。养一屋子花，一心只想尽快出手，甚至不去想事情的前因后果，可行与否，这就叫投机。

差别在于对事情的态度，更在于心态。养鸡的人和偷鸡的人，前者可以不断地鸡生蛋、蛋生鸡，后者搞不好就偷鸡不成蚀把米。中文也是挺有趣的，偷鸡不就是投机的谐音嘛！

——马徐骏《投资还是投机》

"不怕不识货，就怕货比货。"到底是投资还是投机？比较是人类认识事物的重要方法，人们正是在比较中看到了事物的差别，从而抓住其特点来把握事物本质的。马徐骏抓住"差别在于对事情的态度，更在于心态"，将犹太人和中国人、养鸡和偷鸡的人做比，比较中高下立见，让我们看到"两种人"的差别所在，也让演讲更深入人心。

小中见大现精彩

老北京的西来顺饭庄，当年主要经营清真菜肴，属于高档饭店之流。可他们家的炒麻豆腐最出名，每有客人点菜，问及堂头或跑堂的，你们家什么菜最拿手，他们会马上推荐这个便宜到家的炒麻豆腐，你点的菜差不多时，他绝对提醒您：您的菜差不多了，您先用着，不够再加好不好？哪像现在的饭店，由着你消费，才没一点慈悲之心呢！这样的买卖、生意怎么可能不延续上百年，像同仁堂的训条："炮制虽繁必不敢省人工，品味虽贵必不敢减物力！"可我们现在买卖的信誉方面注重得就不够了！要把眼光放在信誉第一、顾客第一、质量第一上，万不可只注重效益，而忽略了信誉！那样买卖非砸不可，还传承，还延续，这样的买卖连五年也开不过去，您信不信？我倒认为：像我们百年老字号这样的信誉是中华传统文化应该保留的！是非遗中的非遗！

——杨建东《老字号的精髓》

"寻常中显本质，微尘中见大千"，生活中，许多小事例蕴含丰富的大道理，杨建东在演讲中就老北京西来顺饭庄的从商经历说开去，以一句温情的信誉提醒为切入点，生发出对中华传统文化的感悟，让我们从细微的现象中提取出深刻的道理，以小见大，由表及里，悟出如何正确传承文化的精彩，发人深省。

——材料选自《藏里于事，演讲精彩纷呈》

读者心声：

在演讲中，很多演讲者不会将道理藏在事例中，不能将道理在事例中很好地阐明。

主编点拨：

一场演讲深刻与否往往取决于道理，藏理于事就是教给我们掌握正确的思维方法，让我们依据事例挖掘出精彩的道理，让演讲更有厚重感和透彻力！

理就是"包子馅"，如果一场演讲，"馅"没有或"馅"很少，那包子就成实心馒头了不是？理是越辩越明的，在演讲与沟通中，欢迎层层递进，从小理到大理；欢迎一瓣一瓣剥洋葱似的呈现真理；也欢迎婆说婆有理，公说公有理，最后总结分辨出真理；总之，"有理走遍天下，无理寸步难行"。一定要明白，理就是你站在台上的目的，切莫本末倒置，缘木求鱼。

4. 打磨细节，让听众加深印象

没有细节就没有艺术。没有细节的演讲，就像一坨还没有雕刻的泥团，给人一种模糊囫囵的感觉，无法给听众留下生动感人的印象。因此，每一个演讲者都应该重视对细节的打磨和运用，用最独特、最新颖、最有感染力、最具代表性的细节，让你所说的事件、人物立体起来，进而打动听众。

细节做镜，映衬悬念

春秋战国时代，一位父亲和他的儿子出征打仗。父亲已做了将军，儿子还只是马前卒。又一阵号角吹响，战鼓雷鸣，父亲庄严地托起一个箭囊，其中插着一支箭。父亲郑重地对儿子说："这是家传宝箭，佩带在身边，力量无穷，但千万不可抽出来。"那是一个极其精美的箭囊，厚牛皮打制，镶着幽幽泛光的铜边儿，再看露出的箭尾，一眼便能认定是上等孔雀羽毛制作。儿子喜上眉梢，贪婪地推想箭杆、箭头的模样，耳旁仿佛嗖嗖的箭声掠过，敌方的主帅应声折马而毙。果然，佩带宝箭的儿子英勇非凡，所向披靡。当鸣金收兵的号角吹响时，儿子再也禁不住得胜的豪气，完全忘记了父亲的叮嘱，强烈的欲望驱使着他"呼"的一声就拔出宝箭。骤然间他惊呆了。一支断箭！箭囊里装着一支折断的箭。儿子吓出了一身冷汗，仿佛顷刻间失去支柱的房子，意志轰然坍塌。结果儿子惨死于乱军之中。自己才是一支箭，若要它坚韧，若要它锋利，若要它百步穿杨，拯救它的都只能是自己。

这段演讲有两个细节大家一定难忘，一是对宝箭的描绘，二是对断箭的失望。两个细节，环环相扣，听后有一种身临其

境之感。前者正向铺展，烘托出英雄无惧的气氛，后者反向对比，制造出悲剧式悬念。没有前者的烘托，就没有后者的突兀。前一个细节起到了镜子的作用，通过反衬，为演讲悬念的出现做好了坚实的铺垫。

细节做桥，揭示主题

有位朋友是小学教师，上课时，她发现一名女生站在座位上。同学们说是班主任罚站的。她没有示意该女生坐下，结果该女生站着上了一节课。下课后，该女生受到同学的嘲笑，一气之下，推窗跳楼，结果双腿残疾。悲剧发生后，那位朋友和班主任均受到严肃处理。还有一所学校，要求学生向老师提建议。一位学生在一封建议信里这样写道："数学老师的眼睛像老鹰的眼睛一样凶狠。"数学老师看到后，把该生叫到办公室，一脚把他踹翻在地。南方某重点高中，有位班主任收了学生的手机，学生拿刀到老师办公室，趁老师不注意，从背后割喉导致老师身亡。如何预防师生间的暴力冲突？关键在老师。老师要保持理性，绝对不能讽刺、挖苦、体罚或变相体罚学生。学校还应加强法制观念的教育。家长要关注孩子的心灵，不要给他们制造压力，要学会疏导他们的心理，做孩子的知心朋友。

该段演讲用了三个细节，三者在程度上层层递进，令人震惊，让人难忘。听完这三个细节，听众不禁会产生疑问，为何学校会产生这么多的暴力事件？怎样才能避免学校暴力事件的发生？这就使得演讲者的主题揭示顺理成章，水到渠成。在这里，细节起到了桥的作用，一步步引导听众走向演讲主题。

细节做绳，牵引情感

大学毕业前的那个晚上，室友六个人在宿舍里喝了20多瓶啤酒，说了很多话，从吐槽身边的同学到暗恋过哪一个同学，从校园周边最好的小吃到最难吃却依旧人满为患的饭店，怎么聊都聊不完。快要天亮了，还是决定去睡。第二天起床，就跟约好了似的我们谁也没叫谁，谁先起来谁就先静静地离开。我闭着眼睛听着他们五个人全部走了，默默起床，最后一次打扫了宿舍，收拾好行李下楼，交钥匙给阿姨的时候眼泪再也控制不住了。就像歌里所唱的那样"时光的河入海流，终于我们分头走"。凤凰花一年开两季，一季新生来，一季老生走。有的人八方相聚，有的人潦草离散，离开校园更是一种无言的成人礼。但我知道既然选择了远方，便只顾风雨兼程。现实的苦难只不过是你要翻过一座座山，现在的痛苦仅仅是因为眼前的山比较高而已。跨过了它，再回首，曾经的磨砺便不值一提。

这段演讲之所以会给听众留下深刻印象，关键在于其中的细节，特别是早上起床后五个人分别默默离开的情节，没有紧紧的拥抱，没有细细的叮咛，只有无声的别离，让听众深深体会到同学不忍别离的深厚情感。可以说，细节如绳，牵引着听众的情感线，使听众产生了情感共鸣。

——材料选自《演讲与口才》（学生版）2018年第6期宋佩华《细节之处，掌声雷动》

读者心声：

很多演讲者不会抓细节，不知道从哪些角度体现细节，不知道在哪些环节体现细节，不知道怎样用细节吸引住听众。

主编点拨：

细节就是细小的环节或情节。对于演讲来说，细节即品味，精彩的细节可以给演讲增色添彩，可以给演讲增加魅力，可以让听众留下终生难忘的印象。

高尔基说："细节是隐藏在文字中的魔术。"捕捉细节、运用细节，让这把金钥匙为你所用，可以使你的演讲散发出熠熠光彩。

5. 精彩结尾，让听众印象深刻

美国著名的口才训练大师卡耐基曾经写道："最后的也是最重要的，缄口之前挂在嘴边的词儿，可以使人记得最久。"在结束演讲的时候我们不妨用有趣的口吻讲一则故事，或是结尾点睛，说几句与主题有关的俏皮话、双关语，甚至可以是幽默的祝愿词，这些都有助于你的演讲有一个好的结尾。

"幽默搞笑"型

崔永元在一次演讲的开头这样讲道：我的演讲题目是"幸福是内心的追求"。这个当然是非常好讲的，它是内心的追求嘛——不告诉你，你猜吧。（全场笑）我要这样结束行不行？（全场笑）有点过是吧，那就稍微补充一点吧。（全场鼓掌）有趣的是，在演讲结尾，崔永元又玩起了"照应开头"的幽默：以上讲的这些是我准备演讲之前给大家讲的一些小故事。（全场笑）我的主题演讲是"幸福是内心的追求"。它的全部内容是两个字——"你猜"。谢谢你们！

"猛灌鸡汤"型

国家博物馆讲解员袁硕题为"进击的智人"的演讲结尾：但是，每次给大家讲到最后的时候，我都会给他们一些希望。没错，我们智人确实是一个非常凶狠残暴的物种，但是好在后来进入文明时代，我们发明了很多美好的东西。我们发明了科学，发明了艺术，发明了礼教，发明了法律，我们要做的，就是用这些美好的东西去压制我们内心真正阴暗恐怖的那一面，这当然也是我们智人最后的尊严所在。

"真诚倾诉"型

胡玮炜演讲"'膜拜'单车"的结尾：所以，摩拜单车的梦想，从我最初一些个人的零碎的体验，到做了一个决定，到后面我们做了无数事情、大家看不到的一些努力，其实都是想能够让自行车回归城市，能够让我们的城市生活更美好。

"热烈呼吁"型

城市规划师茅明睿题为"数据与城市正义"的演讲结尾：所以，我希望我的演讲能够唤起更多的市民跟规划师一起，去捍卫自身的权利，捍卫市民权利，去寻求城市的正义。

"总结观点"型

美国佐治亚理工大学博士沈辛成演讲"幸福村为什么没有抽水马桶"结尾：他们说喝咖啡才是上海，吃大蒜不是。我觉得这说法特别不对。在我看来，爱喝咖啡喝咖啡，爱吃大蒜吃大蒜，这叫兼容并包、海纳百川，这是上海精神。该喝咖啡喝咖啡，该吃大蒜吃大蒜，这叫开明睿智，这是上海精神。有一天，你进入星巴克，发现他们换了新菜单，然后你对着服务员很有礼貌地说："小姐，帮我来一份蒜香味的摩卡。"这叫玩得起、玩得转，这才叫上海精神。

——材料选自云淡风轻《一看就会的精彩演讲结尾》

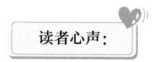

读者心声：

通常情况下，我们不会给演讲结尾，不知道怎样结尾能够升华我们的演讲主题。

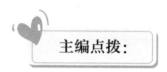

主编点拨：

结尾的意义在于申明开端的目的。卡耐基曾说道："从出场和下台的情形来看，就可以知道他是不是好演员。"所以我们要重视结尾。你可以总结式收尾，再次呼吁主题；可以在明确演讲主旨的前提下提出一个召唤，鼓励大家即刻行动；可以幽默式结尾，打感情牌；也可以呼应开场的提问，做个精彩的解答。

6. 结尾点睛，让听众回味无穷

演讲的结尾点睛，不仅会给人留下欲罢不能、回味无穷的效果，而且对于深化和凸显主题，也有着重要作用。那么，如何设置结尾点睛呢？

发问式点睛

刘永明在题为"谦者伟大"的演讲结尾中说："在俄罗斯圣彼得堡建城300周年庆典中，记者全神贯注地抢镜头。忙乱中，一个记者将摄像机放在了前面一个人的头上拍摄，却浑然不觉，而那个人也一动不动地配合着他，直到拍完为止。记者拍完才发现，自己的摄像机竟放在了普京总统的头上。惊诧、惶恐、抱歉，记者涨红着脸说：'抱歉、抱歉！'而普京却谦和地微笑着，又亲和地拍了拍记者的肩膀，随即走开了。记者立在原地，百感交集！当弱势冒犯了强势，当卑贱有损于高贵，我们能够宽宏大量地饶人吗？在人际相处或工作协作中，当我们被人冒犯、被人冷落时，还能以宽容谦卑的襟怀原谅别人、配合别人的工作吗？"

发问式点睛，是把主题在末尾的发问中亮出来。这段演讲，以普京总统的故事为铺排，最终以两个设问亮出了点睛之笔：如何谦逊地对待他人。这样设置，引人遐想和思考，有助于听众领悟深刻的主题。

留味式点睛

于瑾在题为"以爱还爱"的演讲结尾说："营口官屯镇33岁女教师袁影，因再生障碍血小板减少性紫癜复发，病情危急。全镇中小学教师纷纷为家境贫困的她慷慨解囊，200、300、500……袁影捧着爱心款感激涕零：'谢谢大家，等我病好了，我一定要把钱还给大家。'然而，病魔还是无情地夺走了她年轻的生命。在弥留之际，她凭着最后一点力气，给丈夫徐振洲留下遗言：'同事们对我太好了，我去世后，即使咱家再难，也要把大家捐给我的29500元钱还给他们，别忘大家的一片恩情……'丈夫哭着答应了妻子最后的请求。袁影过世后，徐振洲经四个月的筹集，将这笔钱还给恩人们。人们热泪盈眶，说什么也不肯收，最终校长眼含热泪说：'这是袁影的心愿，大家收下吧。她人虽没了，但是以爱还爱的品格还在；人走了，但留下的精神值得回味！'"

留味式点睛，就是点出意味深长的主旨让听众思考回味。这段演讲的结尾点睛，借校长之言来展示。如此设置，通过自然的情景和对白，点出了主人公人格的魅力，让听众通过回味看到了什么是一个人应有品格的鲜明主题。

拓展式点睛

应敏在题为"心中的大小高低"的演讲结尾说："廖昌永在国际大赛中得了金奖后，一度认为舞台是有大小高低的，国际舞台高大，而国内一些小地方的舞台低小。有一次，他到一个小镇演出，临行前，他的老师周小燕问：'准备得怎么样啦？'他却随口说：'没事，一个小地方。'周小燕却严肃地说：'小廖，演出没有大小，对任何演出你都要想一想，你得为观众负责。'廖昌永重新精心准备，演出时跟在国际大舞台一样认真，赢得了一片赞扬之声。是的，舞台没有大小高低，我们对待职业，也一样没有大小高低，应该严肃认真，把职业当成信仰；我们对待世人世事也不能有大小高低的意识，而应该一视同仁、始终如一，只有这样的认真，你才能做人做出金子来。"

拓展式点睛是用概括性的总结，拓展延伸性地告诉人们应该怎么做。这段演讲的结尾点睛中，启迪人们如何做个认真的人。这样设置，视野高远、意蕴深刻，激人参悟。

——材料选自卢仁江《结尾点睛，回味无穷》

读者心声：

在演讲的结尾，我们通常不会点题，不会突出演讲主旨，不知道如何点睛，深化演讲内容。

主编点拨：

结尾如何点睛？教大家一招，用故事说话。比如很常见的一个主题，如何应对逆境。英国作家哈福德在《混乱》一书中讲过这样一个真实的故事。1975年2月27日，年仅17岁的女孩薇拉走上了德国科隆大剧院恢宏的舞台。这是薇拉生命中最激动人心的时刻，作为德国最年轻的音乐策划人，她成功邀请到美国钢琴家基思·贾勒特举办一场爵士音乐会。1400张钢琴票很快售罄。但是临近演出的时候，因为剧院的粗心，钢琴家基思发现，准备的钢琴太过随便，几个黑色钢琴键都坏了，踏板很卡，声音很小。基思生气地拂袖而去。大家想一下，这场演奏会还能正常进行吗？（这个可以作为开头的设问）如果你是薇拉，你该怎么办？如果你是基思，你该怎么办？（进一步发问）薇拉先是哀求基思留下，答应钢琴家一定迅速更换钢琴，但是当薇拉绞尽脑汁终于借到一架钢琴，调音师看过这架钢琴的状况后，却告诉她等不到抬进大剧院，就会散架。基思不想因为一架破钢琴而毁掉自己的声誉，坚决要走。恰逢大雨滂沱，薇拉在雨中追着基思的汽车，隔着玻璃窗再一次求他不要走。诚意打动了基思，基思说我留下是因为你。几小时后，基思走到这台几乎无法弹奏的钢琴前，面对满场的观众。大家想一想，这场演奏会会差到什么程度？事实恰恰相反，这场科隆钢琴会好到无以复加，现场灌录的独奏专辑狂销 350 万张，目前没有任何一张同类专辑与之匹敌。直接助推基思走向了事业的巅峰。你可能想为什么这样？因为钢琴的老旧，基思必须扬长避短，高音区太过尖细，他就转而弹奏中音区，轰鸣的共振恰好掩盖了乐器的共鸣不足，这使得音乐产生了一种催眠般的效果，令观众如痴如醉。因为很多琴键失灵，声音小，基思拼尽全力砸下每个琴键，动用身体的一切力量，时而起身，时而扭动身躯，让观众感受到无与伦比的激情。逆境可以激发斗志和灵感，逆境可以创造新的机会和局面。如果没有薇拉的坚持，如果没有基思的随机应变和拼力一搏，他们不会化逆境为顺境！面对逆境，请你相信，所有的坚持和努力都会有好的结果，如果没有，那就是你努力还不够。面对逆境，请记住，你永远是一个掌控者，而不是失控者！只要内心的秩序和信心没有崩塌，你就随时可以创造奇迹！（结尾很自然地从故事中升华主题。）

7. 突出重点，让听众领悟主题

　　我们在演讲中往往通过末尾突出重点，彰显自己的演讲主题，达到启发人的目的。下列几则演讲，从各个角度切入，把末尾的重点较好地融入主题之中，让人领悟。

　　在我们周围的同学中，家财万贯，乘轿车上下学的有之；成绩冒尖，成为班里佼佼者的有之；相貌出众，成为当代"西施"的有之。一切有优越感的同学，有的成为骄者狂人，老虎屁股摸不得，老师也得让他们三分。其实，你骄什么、狂啥呢？你家富得流油，不是你挣的，是你的父母遇上了好时代挣的，跟你没半毛钱关系。成绩在班里冒尖，只是在班里，没有到全国，更没到世界上，你这会儿成绩好，只能说明现阶段课程掌握得好，你只是半桶子水。你相貌美，是天生的，不是你主观努力得来的。因此，家里的富，你不能傲；成绩好，你不能骄；你的相貌即便是沉鱼落雁、羞花闭月，也只不过是你的运气好，不可得意。总之一句话，我们这个年龄段，真的没资格"横"，好好听老师管教，听父母告诫才对。

——黄小小《你还没有资格"横"》

这段演讲末尾理智地提出有了优势不能横蛮骄傲的答案，让人醒悟。从理智的角度在末尾提示重点，把重点跟演讲主题有机融合，让人冷静地看待问题、面对问题，进而受到启迪。

青春期是人生的黄金期。黄金期怎样产出"黄金"？我要讲讲我们班少数同学的少数现象：他们暗中传书，写的不是学习心得、互勉箴言，却是卿卿我我、男欢女爱，追的就是一个"情"；他们结伴下馆子、上歌厅，耍的就是一个"爽"；他们玩游戏、看动漫，玩的就是一个"瘾"。这样子，能在黄金时期产"黄金"吗？否！我们正处于青春期，我们处在学文化、长知识、强心性、长身体的黄金期。我们是要感情，但现在还不能谈爱情；我们是要休闲，但不是常常混在馆子、歌厅；我们是要娱乐，但不是无休止地泡在游戏上。所以我们对这些应该悠着点，好好把握自己，度过黄金的青春期。

——孙萍《我们应该悠着点》

这段演讲从学生时期行为价值的角度切入，肯定性地提出理由，末尾告诉人们应该怎样做。从寻根问底的角度切入，把一件事物的存在，提升到高境界的层面加以质疑，彰显了末尾重点所揭示的演讲主题。让人明白，你的演讲反对什么、肯定什么，进而让人做好。

家校共育理念有着积极意义，但是，有的学校，家长与教师之间的责任边界趋于模糊。家长正在成为随叫随到的"编外教师"。还有的教师把自己当成"包工头"，把家长当成"丫鬟"。

长此以往，家校共育变了味，教师、家长、学生的心理都变态了。因此，家校共育应有正确理念：学校和教育主管部门应有担当，出台家校的各自责任和行事规定；教师应摆正位置、明确责任、尽职尽责；家长也应该有正确的观念，对学校或教师差遣的不正确要求敢于正色拒绝。家校共育本来是好事，只有教育主管部门、学校、教师、家长摆正了各自的角色，"戏"才能演得出色。

——黄海棠《家校共育应各担什么角色》

这段演讲从家校共育理念的角度切入，把末尾重点跟主题融合了起来。从理念的角度切入，把一件事的行为跟正确的理念很好地结合，提出的主张最大化地契合主题，使演讲收到应有的效果。

——材料选自《演讲的末尾如何突出重点》

读者心声：

在演讲的末尾，我们如何突出重点加深听众的印象，怎样把演讲推向高潮取得良好的演讲效果？

主编点拨：

演讲中末尾的"重点"，是演讲要强调的灵魂。所以，"重点"在演讲中的分量举足轻重，应尽量讲好。一般这种敲黑板划重点的结尾，可以是重复强调，可以是推波助澜，可以是振聋发聩，同学们可选择最适合的处理方式，为你的演讲画上完美句号！